August Aichhorn

Psychoanalyse
und
Erziehungsberatung

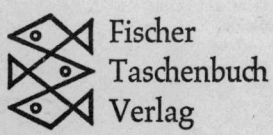

Fischer
Taschenbuch
Verlag

Fischer Taschenbuch Verlag
Januar 1974
Ungekürzte Ausgabe

Umschlagentwurf: Jan Buchholz/Reni Hinsch

Fischer Taschenbuch Verlag GmbH, Frankfurt am Main
Lizenzausgabe mit freundlicher Genehmigung
des Ernst Reinhardt Verlages, München — Basel
© Ernst Reinhardt Verlag, München 1970
Gesamtherstellung: Hanseatische Druckanstalt GmbH, Hamburg
Printed in Germany
ISBN 3 436 01825 2

Inhalt

Vorwort 7

I. Erziehungsberatung 9

II. Die Übertragung in der Erziehungsberatung 55

A) Erziehungsberater und Eltern 55
  1. Der Erziehungsberater als libidinöses Objekt . 57
  2. Die Einleitung der libidinösen Beziehungen . 61
  3. Die planmäßige Beeinflussung verschiedener
     Eltern-Typen 63
     a) Das Agieren auf Grund der Übertragung von
        Es-Regungen 63
     b) Die Einfühlung in das Über-Ich der Eltern . 74
     c) Die Inanspruchnahme des bewußten Ichs der
        Eltern 80
  4. Gelegentliche analytische Hilfeleistung wäh-
     rend der Beratung 83
  5. Ausfragung mit therapeutischer Wirkung . . 88

B) Erziehungsberater und Kinder 91
  1. Die Herstellung der positiven Übertragung im
     allgemeinen 91
  2. Das bewußte Bedürfnis des Kindes nach An-
     lehnung und Zärtlichkeit 99
  3. Das unbewußte Bedürfnis nach einer Vater-Au-
     torität und einem Identifizierungsobjekt . . . 102
  4. Die Übertragung des neurotisch Verwahrlosten 105
  5. Die narzißtische Übertragung des »jugendlichen
     Hochstaplers« 107
  6. Schlußbemerkung 119

Register 121

Es ist ein dankenswertes Unternehmen, Arbeiten von *August Aichhorn* neuerlich zu veröffentlichen. Daraus ergibt sich der Anreiz, sich seine Einstellung zu verwahrlosten und kriminell gewordenen Kindern und Jugendlichen wieder ins Gedächtnis zu rufen und die Frage aufzuwerfen, warum die Forschungsergebnisse seiner Arbeit nie voll ausgewertet werden konnten, obwohl man sicher bereit ist, seine Arbeit als Vorbild anzusehen.

Die erste Auflage des Buches »Verwahrloste Jugend« erschien 1925. Er schrieb es nach Auflassung der von ihm geleiteten Erziehungsanstalt Ober-Hollabrunn in Niederösterreich. Sie war 1919 in einem ehemaligen Flüchtlingslager eröffnet worden und hatte durch ihre bauliche Anlage — einzelne Barakken durch Grünland getrennt — die besten Möglichkeiten für die Unterbringung der Zöglinge in Gruppen geboten. In einer Gruppe waren die »Aggressiven« zusammengefaßt. Über deren Behandlung schrieb Aichhorn unter anderem:

»Alle waren sehr lieblos behandelt worden, hatten unter unvernünftiger Strenge und Brutalität zu leiden gehabt. Bei keinem der Kinder war das Zärtlichkeitsbedürfnis befriedigt worden.«

Und weiter:

»Damit ist aber auch schon der Fürsorgeerziehung der einzuschlagende Weg vorgezeichnet. Zunächst muß das große Defizit an Liebe ausgeglichen werden und erst dann ist nach und nach und sehr vorsichtig mit stärkerer Belastung vorzugehen. Schärfere Zucht anzuwenden, wäre vollständig verfehlt.«

Welche Möglichkeiten ließen sich dadurch erhoffen? 45 Jahre sind seither verstrichen. Hat sich auf dem Gebiete der Verwahrlostenbehandlung, der Fürsorgeerziehung durch Aichhorns Arbeit wirklich Wesentliches verändert? Die Frage muß leider verneint werden, und ihr folgt daher eine zweite: Warum haben wir, die in der Fürsorge für solche Kinder und Jugendliche Tätigen, nicht besseren Gebrauch machen können von Aichhorns Forschungsergebnissen?

August Aichhorn hatte 1923 im Rahmen des Städt. Jugendamtes Wien mit der Gründung von Erziehungsberatungsstellen begonnen. Das Team, mit dem er arbeitete, bestand außer ihm aus einem Juristen — dem Leiter des Bez.-Jgd.-Amtes —, einem Kinderarzt und einer Fürsorgerin. Seine Mitarbeiter hatten Gelegenheit, ihn zu beobachten, wenn er mit einem Kinde oder Jugendlichen sprach. Die Überzeugung von der notwendigen »absoluten Milde und Güte«, wie er sie formulierte, gab ihm eine persönliche Ausstrahlungskraft, die ihn und das Kind gleichsam einschloß und gegen jede Störung von außen schützte.

Aichhorn gehörte zu diesem Zeitpunkt bereits zu dem engeren Kreis von Psychoanalytikern, der sich um Sigmund Freud in Wien scharte. Wie sehr Freud es begrüßte, daß die Psychoanalyse eine Hilfe zur erzieherischen Beeinflussung der jugendlichen Verwahrlosten bot, ist aus dem Geleitwort, das er zu dem Buche »Verwahrloste Jugend« schrieb, zu ersehen.

In August Aichhorn war stets die starke Anteilnahme am Wesen anderer lebendig, sie bildete einen Kern seiner Persönlichkeit. Er berichtete selbst von seinem Aufwachsen in einem Wiener Geschäftshaus. Zur damaligen Zeit waren die Angestellten eines Betriebes — Aichhorns Vater war Bäckermeister — auch Hausgenossen. Die Kinder des Besitzers lebten mit ihnen. Aichhorn berichtet, daß er von Lehrjungen und Gesellen verschiedene Kartenspiele erlernte, daß er ihre kleinen Schwindeleien bald mit Vergnügen durchschaute und daß er ihre kleinen und größeren Sorgen kennenlernte. Sicher waren die Angestellten im väterlichen Betrieb keine Verwahrlosten im üblichen Sinne. Aber sie vermittelten dem wißbegierigen Knaben Einblicke in eine Welt, die sein tiefstes Interesse zu erwecken wußte.

Aichhorn war eine kraftvolle Persönlichkeit und war sich seiner Macht über andere bewußt. Daß er sie nicht mißbrauchte, sondern nur verwendete, um anderen zu helfen, brachte ihm seine Erfolge. Er war stets mit den Problemen beschäftigt, die aus seiner Arbeit erwuchsen. Und er war stets bereit, mit anderen zu diskutieren und sein Wissen weiterzugeben. So hatte er nicht nur in den Erziehungsberatungsstellen Zuhörer und Schüler, sondern hielt auch im In- und Auslande Vorträge. Den Wiener Fürsorgerinnen bot er Fortbildungskurse, und in der später gegründeten Erziehungsberatungsstelle der Wiener Psychoanalytischen Vereinigung waren junge interessierte Ärzte und Psychologen seine Schüler.

Als Gordon Hamilton, eine der bedeutendsten amerikanischen Expertin auf dem Gebiete der Case-Work-Methode, befragt wurde, ob die Methode auch für die Behandlung Verwahrloster geeignet sei, sagte sie: »Wir wissen genau, was sie brauchen: Liebe und Geduld — Geduld und Liebe. Aber wer hat sie schon?«

August Aichhorn hatte sie, und darum war er nicht nur ein Forscher, sondern war und blieb ein Gebender.

Wien, im Frühjahr 1970   *Rosl Dworschak*

I. Erziehungsberatung[1]

Die Erziehungsberatung wird in der Regel von Eltern dann aufgesucht, wenn sie selbst Schwierigkeiten in der Erziehung ihrer Kinder nicht mehr überwinden können; in seltenen Fällen, wenn sie aus besonderer Sorge um die Entwicklung des Kindes ängstlich nach Richtlinien suchen. Die prophylaktische Bedeutung der Erziehungsberatung wird noch sehr wenig erkannt.

Der Name Erziehungsberatung deckt den Aufgabenkreis dieser Einrichtung nicht vollständig; zumeist reicht Rat allein nicht aus; es muß auch Erziehungshilfe geleistet und, wenn wirtschaftliche und soziale Notstände den Erziehungsnotstand mitbedingen, mannigfache andere Unterstützung geboten werden.

Eine »psychoanalytische Erziehungsberatung« könnte sich gewiß auf besondere Fälle beschränken: nur jene Erziehungsschwierigkeiten behandeln, die in abnormen psychischen Situationen und Konstellationen von Kind und Erziehungspersonen (Eltern) begründet sind und nur eingreifen, wenn der Erziehungsnotstand durch eine psychoanalytische Behandlung zu beheben ist. Sie könnte dann allerdings — wenn genügend Analytiker zur Mitarbeit bereit stünden — für sich allein bestehen, würde aber in diesem Falle nur einen ganz geringen Bruchteil des Erfordernisses decken. Soll eine psychoanalytische Erziehungsberatung aber auch all den Ansprüchen genügen, die an die Erziehungsberatung überhaupt gestellt werden, dann kann sie nicht für sich isoliert bleiben, sondern wird sich in eine umfassende Organisation der privaten oder öffentlichen Jugendfürsorge organisch einbauen müssen.

Im ersten Fall bedarf der Psychoanalytiker als Erziehungsberater keiner wesentlichen pädagogischen Schulung; andernfalls aber kommt er ohne gründliche Kenntnisse und Erfahrung als Erzieher, Jugendfürsorger und ausgebildeter Wohlfahrtspfleger nicht aus.

Ohne auf Anforderungen, die sonst an den Erziehungsberater zu stellen wären, näher einzugehen, erscheinen noch zwei Feststellungen grundsätzlich wichtig. Die Eigenart der Erziehungsberatung erfordert rasches Erfassen, rasches und zutreffendes Beurteilen von Menschen und Situationen und si-

---

[1] Erstveröffentlichung in der Zeitschrift für Psychoanalytische Pädagogik, 6 (1932), H. 11/12

cheres Entscheiden. Von allen Erziehungsarbeiten ist die Erziehungsberatung die schwierigste. Erlerntes Wissen reicht allein nicht aus, es muß ein Können dazu kommen, das nur durch Erleben in der Erziehungsarbeit selbst erworben werden kann.

Und entnimmt er Richtung und Ziel für das Eingreifen seiner eigenen Weltanschauung, so wird er sich bewußt sein, daß er nicht alle Eltern, die die Erziehungsberatung aufsuchen, beraten kann; denn Eltern verschiedener Gesellschaftsschichten mit oft ganz entgegengesetzter politischer, religiöser, sozialer Anschauung suchen ihn auf. Sie erwarten von ihm ganz selbstverständlich, daß er ihre Weltanschauung, soweit sie in der Erziehung ihrer Kinder in Erscheinung tritt, anerkenne und seine Hilfe nicht dieser entgegengesetzt leiste.

Lehnt der Erziehungsberater einen darauf gerichteten Kompromiß ab, dann wird er am besten schon in der Ankündigung der Erziehungsberatung dies deutlich anzeigen. Diese, ganz eindeutig im Sinne einer bestimmten Weltanschauung tätige Erziehungsberatung kommt dann nur für einen bestimmten kleineren Kreis von Eltern in Betracht. Diese Schwierigkeit ist oft durch eine Beobachtung des Dissozialen innerhalb der Familie oder in der Beobachtungsstelle zu überwinden.

Die Beobachtungsstelle wird die Minderjährigen für die Dauer der Beobachtung in Form der Tagesheimstätte oder auch zur Nächtigung übernehmen und im engsten Anschluß an die Erziehungsberatung ihre Arbeit durchführen.

Die Beobachtung innerhalb der Familie und die Arbeit in der Beobachtungsstelle (Beobachtungsheim) setzt neben der analytischen noch eine pädagogisch-fürsorgerische Ausbildung voraus.

Die Ausheilung solcher Fälle erfordert einen bedeutenden Aufwand an Personen und Einrichtungen. Auch eine psychoanalytische Erziehungsberatung muß sich in eine umfassende Organisation der privaten oder öffentlichen Jugendfürsorge einbauen.

Der Versuch, die Fälle der Erziehungsberatung zu klassifizieren und zu typisieren, wäre ja sehr verlockend, bleibt aber ergebnislos, solange eine Symptomatologie der Verwahrlosung (Dissozialität) fehlt. Jede Typisierung verleitet nur, auf Grund eines hervorstechenden Symptoms zu schematisieren und weniger auffällige, aber vielleicht wichtigere Symptome zu übersehen. Das Endergebnis ist dann eine falsche Beurteilung des Erziehungsnotstandes, und die vorgeschlagenen Maßnahmen können ihn nicht beheben.

Vor einer relativ leichten Aufgabe steht der Analytiker als Erziehungsberater, wenn der Erziehungsnotstand nur auf neurotischer Basis erwachsen ist, weil ihm zur Erkennung und Entscheidung über die zu treffenden Maßnahmen seine Erfahrung aus der Neurosenbehandlung den Weg weist. Die analytische Erfahrung allein reicht nicht aus, wenn einer Dissozialität eine Verwahrlosung, eine Mischform aus Verwahrlosung und Neurose zugrunde liegt oder auch noch eine psychotische Komponente den Zustand mitbedingt. Wegen der Verschwommenheit des Symptombildes wird sofort ein sicheres Erfassen schwierig, ja nicht selten unmöglich. Besonders aufmerksam zu machen ist noch auf zwar seltener, aber immerhin noch häufig genug vorgestellte Kinder und Jugendliche, bei denen, mehr oder weniger sichtbar, Perversionen der Erreichung des Erziehungszieles entgegenstehen.

Die Vielgestaltigkeit der zum Erziehungsberater gebrachten Erziehungsnotstände entwirrt sich zum Teil, wenn die verschiedenen Entwicklungsphasen der dissozialen Zustände gesehen werden. Was darunter zu verstehen ist, wird folgende Überlegung klären: Je weniger das Kind vom Erwachsenen beeinflußt wird, desto mehr lebt es, geltende Normen nicht beachtend, der unmittelbaren Befriedigung seiner Triebwünsche. Dieses Verhalten ist ganz allgemein, für alle Kinder gleich und durchaus nicht auffällig. Der Zustand, dem es entspringt, gilt als normal. Dasselbe Benehmen des Erwachsenen wird anders beurteilt. Hält er sich nicht an die Vorschriften, die das Zusammenleben regeln, sondern lebt er nach seinen eigenen Wertungen, dann ist er *dissozial*. Ich schlage vor, die Auffassung, die für den Erwachsenen gilt, auch auf das Kind anzuwenden: *Das Kind ist von Natur aus manifest dissozial.* Unerzogenheit und manifeste Dissozialität fallen dann zusammen. Und der Erziehung wäre die Aufgabe gestellt, die Kinder vom Zustand der *manifesten Dissozialität* in den der *Sozialität* überzuführen.

Erfahrungsgemäß kann dieses Bemühen (das Erziehen) aber nur dann erfolgreich sein, wenn parallel dazu die Libido-Entwicklung normal verläuft. Ergeben sich in deren Organisation bestimmte Störungen, auf deren Art hier nicht näher eingegangen wird, so bleibt das Kind entweder *manifest dissozial,* oder es benimmt sich wie der sozial Gewordene, ohne aber innerlich die Dissozialität aufgegeben zu haben: es ist *latent dissozial* geworden. Durch einen geeigneten Anlaß — der immer eintreten kann — wird dann die latente Dissozialität wieder manifest, wie in der ersten Kindheit, wenn auch oft mit anderen Äußerungsformen. Dieser Phasenwechsel — von der latenten zur manifesten Dissozialität — erfolgt nur ganz ausnahmsweise plötzlich, gewöhnlich braucht es dazu längere Zeit, so daß sich zwischen diesen beiden Phasen eine dritte Phase einschiebt, die wir die *Bereitschaft* nennen wollen.

Sie ist dadurch charakterisiert, daß zwar noch nicht festgefügte Symptome in Erscheinung treten, wohl aber im Benehmen des Kindes ganz deutlich dissoziale Äußerungen merkbar sind.

Die Erziehungsfürsorge spricht in dieser Zustandsphase von einem »gefährdeten« Kind und erwartet von einem Eingreifen des Erziehungsberaters in diesem Zeitpunkt den besten Erfolg, der auch tatsächlich sehr oft eintritt. Das Kind ist aber nicht immer sozial, also ausgeheilt worden, sondern der symptomlose Zustand bedeutet weit häufiger latente Dissozialität. Die Erziehungsfürsorge verhält sich da ganz ähnlich wie das Strafrecht, das sich durch die Art des Strafvollzuges auch begnügt, die manifeste Gesetzesübertretung in die latente Dissozialität umzuwandeln.

Zusammenfassend: Die ursprünglich *manifeste Dissozialität* des Kindes wird durch die Erziehung nicht immer in die Sozialität umgewandelt; bei gewissen Störungen in der Libidoentwicklung wird die manifeste Dissozialität *latent;* durch den Eintritt bestimmter Erlebnisse kommt sie in den Zustand der *Bereitschaft,* von der aus sie wieder *manifest* werden kann.

Diese Einsicht ist weniger für die Beurteilung des Erziehungsnotstandes (Diagnose), mehr für die Therapie und die anzuordnenden Maßnahmen wichtig. Die Art der Unterbringung — Hort, Tagesheim, Familienwechsel, kurz- oder langfristige Anstaltserziehung, Fürsorgeerziehungsanstalt — hängt nicht nur davon ab, ob das vorgestellte Kind in günstigem oder ungünstigem Milieu lebt, sondern auch, welche Zustandsphase vorliegt: Bereitschaft, latente, leichte oder schwere manifeste Dissozialität.

Der Erziehungsberater ist nicht immer in der Lage festzustellen, wieweit das Milieu die Dissozialität mitverursacht hat. Er muß aber auf jeden Fall beurteilen, ob das gegenwärtige Aufenthaltsmilieu zur Mitarbeit an der Ausheilung der Dissozialität geeignet ist, da er davon auch seine Entscheidungen abhängig machen muß. In diesem Sinn sind Bezeichnungen wie »günstiges und ungünstiges Milieu« zu verstehen. Ohne genaue Milieukenntnis wird der Erziehungsberater unsicher und wird oft Unzutreffendes veranlassen. Deswegen wird er sich darüber hinaus — besonders in den Zeiten allgemeiner Wirtschaftsnot — bemühen, über die Veränderungen in der Auffassung und im Betriebe der Wohlfahrtseinrichtungen im Bilde zu bleiben. So erfahren wir gerade jetzt, daß der Maßstab, den wir als Erzieher an das Milieu legen, nicht mehr als Maßstab für den Wohlfahrtspfleger gilt. Weiß der Erziehungsberater nicht, daß beispielsweise eine Unterbringung von Kindern aus prophylaktischen Gründen — sosehr die Notwendigkeit jedermann einsieht — aus Mangel an Mitteln nicht durchzuführen ist, so kann er darauf nicht Rücksicht nehmen, isoliert seine Arbeit und macht sie in vielen Fällen nahezu wertlos; denn seine vorgeschlagenen Maßnahmen sind nicht mehr durchzuführen.

Zur Frage des Milieus überhaupt muß bemerkt werden, daß der Erziehungsberater ohne weiteres ein Milieu als schädlich erkennen wird, in dem zufolge großer wirtschaftlicher Not die primitivsten Lebensbedürfnisse nicht mehr erfüllt werden können, wo durch Trunksucht des einen oder anderen Elternteils, durch deren psychische Abnormität, durch manifestes Verbrechertum innerhalb der Familie, durch ärgsten Streit, Streitszenen der Eltern untereinander, durch bewußten Haß und Wut gegen das Kind von einer geordneten Familie oder einer geregelten Erziehung innerhalb der Familie nicht mehr die Rede sein kann. Leicht kann er die Schädlichkeit des Milieus auch dort feststellen, wo das Kind bei einem geschiedenen Elternteil wohnt, beide Teile um das Kind kämpfen, es durch ein Übermaß an Liebesbeweisen für sich gewinnen, durch abfällige Äußerungen gegen den anderen Elternteil es beeinflussen wollen. In diesen krassen Fällen, in denen auch der Laie das Milieu als ungeeignet erkennt, ist die Entscheidung nicht schwierig.

Der Erziehungsberater wird aber auch Fälle eines nach außen hin völlig intakten Familienlebens, in denen Kinder schwersten Schädigungen ausgesetzt sind, finden. Hier ist die notwendige Voraussetzung für die richtige Erfassung der Situation und die Anordnung geeigneter Maßnahmen wieder eine gründliche Ausbildung des Erziehungsberaters.

Solche schwierigen Milieuverhältnisse liegen vor, wenn zum Beispiel Eltern nicht mehr miteinander, sondern ohne Affektausbrüche nur mehr nebeneinander leben, wenn die Eltern, unmerklich für die Außenwelt, keine gemeinsamen Interessen mehr haben, einander nichts mehr zu sagen wissen und dadurch um das Kind eine kühle, lieblose Atmosphäre entsteht, in der es sich kaum noch zurechtfindet; wenn Eltern, infolge ihrer Unfähigkeit zur Erziehung, unwissentlich die größten Fehler machen; wenn Eltern übermäßige Sorge auf die Bereitstellung der Lebenserfordernisse verwenden und daher nie Zeit für ihr Kind haben; wenn den Eltern das Ausleben der eigenen Triebe über das Wohl des Kindes geht.

Aber ebenso schädlich wie die Vernachlässigung des Kindes ist sowohl ein Übermaß an Bemühen, — die ängstliche Sorge um das körperliche Wohl, den Gesundheitszustand und die sonstige Entwicklung des Kindes — als auch die Unfähigkeit, den Triebansprüchen des Kindes, wenn notwendig, einen festen Willen entgegenzusetzen, triebeinschränkende Forderungen aufrecht zu halten und ein Übermaß an inzestuösen Bindungen zu verhindern.

Gerade diese, sehr oft schwierig zu durchschauenden Milieuschädigungen bewirken eine Störung in der Libidoentwicklung, die zum Entstehen mannigfacher dissozialer Formen beiträgt.

Zu beachten sind auch Erziehungsnotstände, die darauf zurückgehen, daß die Elternteile über die anzuwendenden Erziehungsmittel entgegengesetzter Meinung sind.

Eine besondere Rolle spielt ferner jene Eifersucht, die äußerlich als solche nicht erkennbar, aber doch da ist und verheerend wirkt. Obenan stehen Väter, die, ohne es zu wissen, auf das eigene Kind eifersüchtig sind, Mutter und Kind quälen, weil sie sich immer dem Kind gegenüber zurückgesetzt fühlen; dann Mütter, die eine Tochter mit in die Ehe bringen und eifersüchtig auf das eigene Kind werden, weil der Stiefvater es ihrer Meinung nach zu sehr bevorzugt; ferner Stiefmütter, die auf die Tochter aus erster Ehe oder die verstorbene erste Gattin eifersüchtig sind, weil der Vater die Tochter angeblich bevorzugt oder nicht alles, was an die erste Gattin erinnert, aus der Wohnung weggeschafft hat, oder öfters von ihr spricht.

Alle diese erwähnten Eifersuchtssituationen sind den Beteiligten fast nie bewußt und verraten sich nur in deren Verhalten.

Ebenso wirken sich manche Ehekonflikte den Kindern gegenüber unbewußt aus.

Das schwangere Mädchen, das nur aus moralischen Gründen den Kindesvater heiratete und für die unglückliche Ehe dieses Kind verantwortlich macht.

Die Frau, die ein außereheliches Kind in die Ehe mitbringt, die ihre Bindung an dessen Vater nicht lösen konnte und dadurch die eigene Ehe zerstört.

Die sich deklassiert fühlende Frau, die nach dem Abbau der Sexual-Überschätzung den Mann als unter ihr stehend empfindet.

Elternteile, die ihr eigenes nicht genug realisiertes Ich-Ideal im Kinde realisieren wollen und in diesem Bestreben auf ein Kind stoßen, dessen Fähigkeiten nicht ausreichen. Besonders hervorzuheben ist die Stiefmutter, die mit Rücksicht auf Verwandte, Bekannte und Nachbarn keine »Stiefmutter« sein will, sondern ihre besonderen mütterlichen Fähigkeiten durch ein tadelloses Verhalten der Kinder und deren hervorragende intellektuelle Erziehung beweisen will.

Endlich die Stiefmutter, die bewußt aus ähnlichen Gründen auf ein eigenes Kind verzichtet und für dieses Opfer durch eine tadellose Entwicklung der Stiefkinder belohnt werden will.

So viel vorläufig über ungünstige Milieuverhältnisse, auf die wir bei der Schilderung einzelner Fälle noch zurückkommen werden.

Zu beachten ist noch, daß Erziehungsnotstände bei körperlich Kranken erst nach der Ausheilung in psychische Behandlung zu nehmen sind. Der Erziehungsberater wird daher auf eine ärztliche körperliche Behandlung dringen und eine spätere Vorstellung verlangen. Bei krüppelhaften und nicht vollsinnigen Dissozialen reichen die Mittel der Erziehungsberatung nicht aus. Erfolgreiche Arbeit wird erst in Verbindung mit der Krüppel-, Blinden- und Taubstummenfürsorge möglich. Liegt Verdacht auf Psychose vor oder besteht eine Psychose, so wird der Erziehungsberater immer auf psychiatrischer Untersuchung bestehen. Über die Fälle der Erziehungsberatung, die in der Erfassung und Erledigung keine besonderen Anforderungen an den Erziehungsberater stellen, wollen wir nicht berichten.

Es ist selbstverständlich, daß in einer psychoanalytischen Erziehungsberatung vorgestellte Neurosen einer psychoanalytischen Behandlung zugeführt werden. Ebenso selbstverständlich ist, daß mit der Diagnose und Zuweisung zur Analyse die Erziehungsberatung in diesen Fällen ihre Aufgabe erledigt hat, es sei denn, daß der Analytiker sie bei Milieuschwierigkeiten wieder zur Mitarbeit heranzieht.

Was mit einer Schwererziehbarkeit, die auf neurotischer Basis erwächst, zu geschehen hat, weiß der psychoanalytische Erziehungsberater auch aus seiner analytischen Erfahrung in der Behandlung von Neurotikern. Und daß eine tiefer wurzelnde Verwahrlosung eine Heilung nur in der Verwahrlostenanalyse, in der Fürsorgeerziehungsanstalt finden kann, muß auch nicht besonders besprochen werden.

Wir beabsichtigen, nur die außerordentliche Mannigfaltigkeit und Fülle dissozialer Formen aufzuzeigen, auf die Besonderheiten, aus denen Erziehungsnotstände erwachsen, aufmerksam zu machen, und auf schwierige Situationen, vor die der Erziehungsberater sehr oft gestellt wird, wenn er ein Urteil fällen und Anordnungen treffen muß, hinzuweisen.

Und nun die Erziehungsberatung selbst!

Wir empfangen die Hilfesuchenden, lassen Väter und Mütter dann die Schwierigkeiten mit ihrem Kind zusammenhängend oder unzusammenhängend schildern und werfen Fragen nur dazwischen, wenn der Redefluß stockt, oder wenn wir merken, daß sie sich überhaupt nicht ausdrücken können. Sonst lassen wir sie reden, was und wie sie wollen, versuchen nicht die Mitteilungen nach einem bestimmten Schema, Fragebogen oder auf Grund einer auszufüllenden Karteikarte zu lenken, drängen auch nicht darauf, daß der Konflikt und das anamnestische Material in einer von uns bestimmten Reihenfolge gebracht werden. Die Leitlinie für die Mitteilungen von Eltern und Kindern haben nicht wir zu bestimmen, sie muß sich aus der Affektsituation der uns Gegenübersitzenden ergeben. Können wir »gut« zuhören, das heißt, benehmen wir uns ohne zu sprechen so, daß Kinder und Eltern den Anreiz bekommen, immer mehr aus sich herauszugehen, so schaffen wir einen Ersatz für die Methode des freien Einfalles, mit all den Vorteilen, die der freie Einfall dem Analytiker bringt. Wir können dann aus der Reihenfolge der Einfälle (des Mitgeteilten), der Affektbesetzung, aus dem Wechsel im Redetempo (Verzögerung und Beschleunigung), der Änderung im Benehmen schon bei einer ersten Besprechung wichtige Schlüsse ziehen, wenn wir dazu noch die allgemeine affektive Situation von Eltern und Kindern beim ersten Zusammentreffen mit dem Erziehungsberater rechnen.

Bei leichteren Schädigungen, die mit geringem Aufwand zu beheben wären, werden Kinder und Jugendliche, wie schon angedeutet, in der Regel nicht gebracht. Eltern erscheinen mit ihnen erst, wenn sie sich gar nicht mehr zu helfen wissen, wenn es in der Familie, in der Schule, auf dem Arbeitsplatz bereits zu den ärgsten Ausschreitungen gekommen ist, und wenn trotz mehrmaligen Wechsels von »Lohn und Strafe« — oft bis zur schwersten körperlichen Züchtigung — kein Erfolg eingetreten ist.

Durch das fortgesetzte, vergebliche Bemühen sind die Eltern nach und nach in einen dauernden Erregungszustand gekommen, der zu aggressiven Tendenzen gegen das Kind oder verschieden abgestufter Resignation geführt hat, je nachdem sie sich verärgert, gekränkt oder gestört fühlen. Die Kinder und Jugendlichen sind in der gesteigerten Abwehrsituation zu einem wirklich unhaltbaren Benehmen gekommen.

Bei der ersten Begegnung in der Erziehungsberatung wirken sich diese Affektsituationen von Eltern und Minderjährigen ganz verschieden aus.

Den Eltern kommt es überhaupt nicht in den Sinn, daß ihr eigenes Verhalten den Erziehungsnotstand mitbedingt. Sie sind die Geschädigten und treten als Ankläger auf. Sie wissen genau, was sie mit ihrer Vorsprache in der Erziehungsberatung wollen. Das geht aus der Art, wie sie die Schwierigkeiten schildern, ganz deutlich hervor. Ihre Mitteilungen sind letzten Endes nichts anderes, als eine eindringliche Aufforderung an den Erziehungsberater, die Minderjährigen gefügig zu machen.

Die Kinder und Jugendlichen sind bei diesem ersten Zusammentreffen mit dem Erziehungsberater in viel ungünstigerer Situation. Vielfach wissen sie überhaupt nicht, wo sie sind und warum sie in die Erziehungsberatung gebracht wurden. Oder, sie sind eingeschüchtert und unsicher gemacht worden. Sie verfügen auch nicht über eine Redegewandtheit wie die Erwachsenen oder sind durch Angst, Trotz usw. gehemmt. Vielfach wollen sie sich auch gar nicht verteidigen. Ihre Mitteilungen sind daher unsicher, wenig überzeugend und gehen zumeist nicht auf das Wesentliche der Sache ein. Das Übergewicht der Eltern gleicht sich nur dann etwas aus, wenn der Erziehungsberater von Haus aus bewußt dem »Angeklagten« seine Sympathie entgegenbringt.

In der Erziehungsberatung haben wir die Ursache der vorgestellten Dissozialität zu suchen und nicht den »Beschwichtigungsrat« zu spielen, das heißt, nicht den Versuch zu machen, bestehende Konflikte durch Zureden zu beheben.

In dem wohlgemeinten Streben, ja nicht in diesen Fehler zu verfallen, liegt die Gefahr, daß sich durch unser Verhalten in der Erziehungsberatung die Konfliktsituation zu Hause sehr verschärft und dadurch die Aufdeckung der Ursachen unmöglich wird.

Wie das zu verstehen ist: Eine Mutter beklagt sich, daß ihre dreizehnjährige Tochter es ablehne, im Haushalt mitzuhelfen, daß sie sich ausschließlich mit dem Lesen von Romanen beschäftige und, statt aufzuräumen und Geschirr abzuwaschen, mit dem Buch in der Hand auf dem Sofa liege. Wenn sie ihr Vorhaltungen mache, statt sich zu schämen, frech werde, die Mutter beschimpfe und wenn diese ihr das Buch wegnehme, davonlaufe und stundenlang nicht nach Hause komme.

Vom Mädchen hören wir, daß sich die Mutter immer aufrege, wenn es ein Buch in der Hand habe, ganz gleichgültig, ob es ein Roman sei oder ein Lehrbuch. Sie lerne gern, beschäftige sich lieber mit den Schulbüchern als mit Hausarbeiten; Reisebeschreibungen und moderne Autoren interessieren sie auch.

Aus den Darstellungen beider entnehmen wir, daß das kluge, bildungsbedürftige Mädchen sich vergeblich gegen den Unverstand einer primitiven Mutter wehre und daß seine aggressiven Ausbrüche eine selbstverständliche Abwehrreaktion gegen die Brutalitäten der Mutter seien.

Wir sagen nun dem Mädchen, daß wir es verstehen, wenn sie lieber studiere, statt Hausarbeiten zu verrichten, daß wir uns über sein Bildungsbestreben freuen und mit der Mutter sprechen werden, ihr das Lesen zu erlauben. Der Mutter erklären wir — wie wir meinen, sehr verständlich und überzeugend mit freundlichen Worten — ihre Pflichten der Tochter gegenüber.

Beide gehen nach Haus, und die Konfliktsituation wird katastrophal; denn die von uns innerlich nicht überzeugte Mutter hatte uns nur äußerlich recht gegeben und bleibt bei ihren Forderungen. Das Mädchen, durch unsere Beurteilung unterstützt, lehnt nun jede Mithilfe im Haushalt, die sie bisher, wenn auch widerwillig, so doch zum Teil geleistet hatte, schroff ab.

Mutter und Tochter erscheinen nicht mehr in der Erziehungsberatung. Von dritter Seite hören wir abfälligste Äußerungen der Mutter über unsere Arbeit. Wir sind überzeugt, alles getan zu haben, was möglich war, ärgern uns natürlich nicht, sondern erledigen die Angelegenheit mit dem Bewußtsein, wieder einmal auf eine Mutter gestoßen zu sein, der nicht zu helfen ist. Das wäre möglich, weil es wirklich viele Mütter gibt, die aus ihrem eigenen Erleben der gegebenen ungünstigen allgemeinen Situation und ihrer unbewußten Einstellung zum Kinde unzugänglich bleiben. Die Berechtigung, diesen Konflikt für den Erziehungsberater als unlösbar aufzufassen, erhalten wir aber erst nach strengster Selbstkritik. Eine solche Selbstkritik hätte uns in diesem Falle zur Einsicht geführt, daß wir etwas versäumten.

Unser allgemeines Verhalten dem Mädchen gegenüber war teilweise richtig, aber wir unterließen:

1. dem Kind deutlich zu machen, daß trotz Berechtigung seiner Ansprüche ein Zusammenleben mit der Mutter unmöglich werde, wenn es restlos auf der Erfüllung seiner eigenen Wünsche bestehe und nicht gewillt sei, den Bedürfnissen der Mutter, wenigstens zum Teil, freiwillig und gern entgegenzukommen. Trotzdem wir wissen, daß logische Überlegungen das Mädchen nicht zum Abbau seiner affektiven Situation führen können, scheuen wir uns dennoch nicht, so mit ihm zu sprechen, weil wir durch ein solches Verhalten verhindern, daß durch unser Zutun die affektive Situation zur Katastrophe führt.

2. uns die Mutter zum Bundesgenossen zu machen, indem wir ihr mit Wissen des Kindes und mit seiner Einwilligung möglichst genau alles erzählen, was wir mit dem Mädchen besprachen, und daß wir vermuten, es werde in der nächsten Zeit noch mehr Widerstand gegen die Anforderungen der Mutter leisten.

3. daß wir beide gemeinsam vornehmen und sie erst nach völliger Klarstellung entlassen.

Noch vorsichtiger müssen wir sein, wenn zu ungünstigen häuslichen Verhältnissen eine widerstrebende Schule kommt. Zur Illustrierung: Ein fast vierzehnjähriger Junge wird in der Schule durch sein rücksichtsloses, den Schulbetrieb störendes Benehmen unangenehm auffällig. Wir erkennen in der Erziehungsberatung, daß er nicht dem hinterhältigen feigen, stets in Abwehrstellung befindlichen Typus angehört, sondern daß er der derbe, immer zu rohen Späßen geneigte, aber dabei gutmütige Junge ist. Er müßte, um in Ordnung zu kommen, weiter erzogen werden. Um die dazu geeignete Situation herzustellen, ihn rasch in eine Gefühlsbeziehung zu uns zu bringen, damit durch uns diese Ersatzerziehung geleistet werden kann, gehen wir schon in der ersten Besprechung ganz besonders auf seinen Interessenkreis ein. Wir erfahren von ihm, daß er fanatischer Fußballspieler sei, eine eigene Fußballmannschaft zusammengestellt habe, diese aber nicht in Aktion treten könne, weil der Fußball fehle. Wir haben in der Erziehungsberatung geringe Mittel zur Verfügung und kündigen ihm an, daß er in den nächsten Tagen einen Fußball bekommen werde. Die Mutter, der wir diese Eröffnung auch machen, ist entsetzt: »Der Lausbub wird nun noch mehr Schuhe zerreißen.« Wir gewinnen sie dadurch, daß wir ihr auch den Ankauf eines Paar Schuhe zusagen. Mutter und Sohn sind sehr befriedigt, denn die Mutter ist ja innerlich gar nicht gegen den Fußball, sie fürchtete nur die erhöhten Ausgaben.

In der Schule erzählt der Junge begeistert von der Erziehungsberatung; daß er nun endlich einen Fußball und ein Paar neuer Schuhe bekomme. Darüber wird er gehänselt und zu einem Wutanfall durch die ironische Frage gereizt, ob die Erziehungsberatung allen Gaunern einen Fußball kaufe. Es kommt zu einer argen Rauferei mit blutigen Nasen, und die ohnehin schwache Stellung des Jungen in der Schule ist damit endgültig erschüttert. Alles weitere Bemühen des Erziehungsberaters ist vergeblich, ein halbes Jahr später muß der Junge der Fürsorgeerziehungsanstalt übergeben werden.

Das psychoanalytische Wissen spielt dem Anfänger leicht einen bösen Streich, gegen den aber auch der erfahrene Erziehungsberater nur gefeit bleibt, wenn er bei der ersten Begegnung mit den Eltern sehr vorsichtig ist: Wir hören die Mitteilungen der Eltern und Jugendlichen aufmerksam an, dabei formt sich in uns ein bestimmtes Bild über den Erziehungsnotstand, dementsprechend wir unsere Maßnahmen treffen. Was wir anordnen, geschieht, und zu unserer Überraschung bleibt der Erfolg aus. Wieder haben wir eine Situation, in der wir für den Mißerfolg den andern verantwortlich machen können und uns über unseren eigenen Anteil daran nicht nachdenken müssen.

Beim Zuhören hat sich unbemerkt schon zu früh eine endgültige Überlegung gebildet, das heißt, zu einer Zeit, in der das Mitgeteilte noch auf verschiedene Typen paßt, haben wir uns schon für einen bestimmten Typus entschieden. Von da an hören wir nicht mehr, was unser Urteil erschüttern könnte, denn auch wir geben eine einmal gewonnene Sicherheit nicht gerne auf. Nicht wissend und daher ungewollt haben wir den »Fall« in unsere Konstruktion hineingepreßt, statt unsere Überlegungen dem Fall anzupassen. So sind wir für den Mißerfolg verantwortlich. Wir haben gelernt, um so vorsichtiger zu werden, je früher wir in der Erziehungsberatung das Gefühl haben, einen Fall genau zu durchschauen. Seither sind die Mißerfolge geringer geworden.

Am zweckmäßigsten scheint es, nicht in jedem vorgestellten Kind oder Jugendlichen den »interessanten« psychoanalytischen Fall zu vermuten, sondern zu versuchen, mit den einfachsten pädagogischen Mitteln auszukommen. Reichen diese nicht aus, so führt uns die nicht schwindende Dissozialität von selbst immer weiter ins Unbewußte, das aufzuhellen dann unserer psychoanalytischen Einsicht vorbehalten bleibt.

Viele Kinder bleiben von der Schule weg, machen ihre Aufgaben nicht, arbeiten in der Schule nicht mit und stören den Unterricht, weil niemand da ist, der sich für ihre Leistungen und das Benehmen in der Schule interessiert, der gute Schulleistungen lobt und schlechte tadelt, der wirkliche Zurücksetzung ausgleicht und bei vermeintlicher durch seine Person den Ausgleich schafft.

Wir haben in hunderten von Fällen ohne Anwendung psychologischer Kunststücke ausreichende Hilfe dadurch geboten, daß wir das Vertrauen der vorgestellten Minderjährigen gewannen. Wir verstanden ihre Beschwernisse und Kümmernisse und gaben ihnen die Möglichkeit, ihr unbefriedigtes Zärtlichkeitsbedürfnis bei uns unterzubringen.

Die Praxis der Erziehungsberatung hat uns für solche Kinder ein bestimmtes Verhalten gelehrt. Bei der ersten Begegnung lassen wir uns auf eine Besprechung der vorliegenden Beschuldigungen nicht ein, sondern veranlassen es, von zu Haus und von der Schule zu erzählen, geben ihm die Möglichkeit zu kritisieren, seine Wut zu entladen und machen nur Bemerkungen solcher Art, daß das Kind in uns seinen Freund sieht, der nicht daran denkt, die Beschuldigungen bestünden weiter zu Recht, der überzeugt ist, daß es die Schule nicht mehr schwänzen, seine Aufgaben machen, sich die größte Mühe geben werde, zwischen sich, dem Lehrer und den Schulkameraden Konflikte zu vermeiden. Wir bestellen das Kind für sehr bald wieder und entlassen es mit einem freundlichen Gruß. Es geht mit dem Impuls zum Wollen weg. Verstehen wir, bei der zweiten Begegnung den Impuls zu würdigen und verlangen wir nicht seine restlose Umsetzung in die Tat, verstehen wir, mit dem Kind auf dessen gute Absichten einzugehen, uns bis in die kleinsten Einzelheiten für sein Schulerlebnis zu interessieren, so schaffen wir die Basis, auf der bei weiteren Begegnungen vom Kind aus Beziehungen zu uns entstehen, die für das Kind die zwingende Notwendigkeit, uns Freude zu machen, enthalten. Sehr bald werden dann Schulbücher und Hefte mitgebracht, nicht nur die Schulaufgaben gelernt und geschrieben, sondern auch Fleißaufgaben angefertigt, und vom Schulschwänzen ist in kürzester Zeit keine Rede mehr. Wiederholt sind so behandelte Kinder unsere Gehilfen geworden, wenn ein zweites Kind aus deren Klasse mit ähnlichen Schwierigkeiten geschickt wurde. Der Abbau der Beziehungen zu uns ist unschwer dadurch in die Wege zu leiten, daß wir das Kind in wachsenden Zwischenräumen bestellen. Er erfolgt endgültig dadurch, daß wir die Aufmerksamkeit auf Mitschüler und Lehrer lenken. Diese sind zu diesem Zeitpunkt nicht mehr ablehnend und nun geneigt, das »brave« Kind als vollwertiges Mitglied aufzunehmen. Häufig gelingt es auch, die Schule zur Mitarbeit zu gewinnen; wiederholte Aussprachen mit dem Lehrer unterstützen dann wesentlich unsere Arbeit. Manchmal schafft auch die Umschulung des Kindes eine wesentliche Erleichterung.

Eine besondere Art dieser Fälle sind jene, in denen das Kind auch noch einen Hort oder eine Tagesheimstätte besucht und das Benehmen in Schule und Hort wesentlich voneinander abweicht, oft ganz entgegengesetzt ist. Da ist dann das Zusammenarbeiten zwischen Schule und Hort unter unserer Führung wichtig.

Erwachsen die geschilderten Äußerungen auf neurotischer Basis, dann bedürfen sie einer anderen Behandlung, auf die noch in einzelnen Beispielen eingegangen werden wird.

Es gibt relativ viele Kinder, deren dissoziale Änderungen so aussehen, als ob sie von schwer verwahrlosten oder schwer neurotischen Kindern kämen. Dabei sind diese psychisch vollständig in Ordnung. Ihr Benehmen ist nur die Folge einer gesunden Abwehrtendenz von Schädigungen aus einem wirtschaftlichen Notstand, zerrütteten Familienverhältnissen oder dem ganz abnormen Verhalten des einen oder anderen Elternteiles. In der Erziehungsberatung können wir verhältnismäßig rasch feststellen, ob uns ein wirklich verwahrlostes oder neurotisches Kind vorgestellt wird, oder eines aus der eben geschilderten Gruppe, wenn wir uns sehr eingehend für die Familienkonstellation, die wirtschaftliche Situation und den Alltag seiner Familie interessieren.

Ein »schwer verwahrlostes Kind«: Ein zehnjähriger Junge ist derart »verkommen«, daß er in den letzten zwei Wochen während der Pause nicht mehr im Schulzimmer belassen werden kann. Weil er stärker und größer als seine Mitschüler ist, nimmt er diesen das Frühstück mit Brachialgewalt ab. Er soll der Fürsorgeerziehungsanstalt übergeben werden.

Der Junge entstammt einer sehr armen Familie, ist körperlich sehr kräftig; als Sohn eines Schweizer Bauern weicht sein Äußeres vom Aussehen der Großstadtkinder sehr ab.

Die Schule weiß nicht, daß der Junge, der seit Jahren die Schülerausspeisung regelmäßig besucht hat, seit zwei Wochen infolge einer Neuordnung von ihr ausgeschlossen werden mußte und daß sich die häuslichen Verhältnisse gerade jetzt auch sehr verschlechterten. Die Schule weiß nicht, daß der Junge wirklich Hunger leidet, er spricht darüber nicht. Da er keine Aussicht hat, ein Mittagessen zu bekommen, so versucht er eben, sich in der Schule etwas zu verschaffen. Die ganze Familie ist sehr ehrlich und ihr, etwas heimlich zu nehmen, unmöglich. So erklärt sich die »Brachialgewalt« des Jungen als die Äußerung des Stärkeren, der mit Gewalt versucht, Essen zum Stillen seines Hungers zu bekommen. Von wirklicher Verwahrlosung keine Spur.

Noch ein ganz extremer Fall eines »neurotischen« Kindes: Es wird ein sechsjähriger Knabe vorgestellt, dessen Schlimmheit die Mutter so schildert, daß wir in ihm ohne besondere Schwierigkeit den typischen Fall eines Kindes mit »psychopathischer« Reaktion erkennen. Die Erziehung eines solchen Kindes ist äußerst schwierig, in der Familie nicht durchzuführen, weil es eines besonderen heilpädagogischen Eingreifens bedarf. Allem Anschein nach hätte der Junge einer Erziehungsanstalt mit besonders geschultem Personal übergeben werden müssen.

Wir begnügen uns aber mit den Mitteilungen der Mutter nicht, sondern fordern sie auf, uns über einen der ganz argen Schlimmheitsanfälle genau zu berichten. Wir hören von einem Wutanfall am selben Tag als Antwort auf die Aufforderung der Mutter, sich nach dem Essen die Hände zu waschen. Uns fällt dieses Verlangen der Mutter auf; in dem Milieu, aus dem die Mutter kommt, ist es nicht üblich, sich nach dem Essen die Hände zu waschen.

Wir fragen: »Warum wollten Sie, daß sich der Junge nach dem Essen und nicht vor dem Essen wäscht?«

»Vor dem Essen hat er sie auch waschen müssen.«

Das ist noch auffälliger, und wir fragen weiter: »Lieben Sie die Reinlichkeit so sehr?«

»Freilich, ich bade ihn ja auch jeden Tag und setze dem Badewasser Lysol zu?«

»Warum Lysol?«

»Es gibt ja viele krankhafte Bakterien in der Luft, und das Kind könnte leicht krank werden.«

»Ängstigen Sie sich nur um das Kind oder haben Sie auch Angst für Ihre eigene Person?«

»Ich bin Bedienerin in einem Büro; da verkehren viele Leute und man kann sich leicht anstecken.«
»Was machen Sie dagegen?«
»Ich wasche mir die Hände.«
»Wie oft ungefähr im Tag?«
»Dreißig- bis vierzigmal.«

So stellt sich heraus, daß die Mutter an einem schweren Waschzwang leidet und ihren Jungen damit quält. Die Schwererziehbarkeit des Jungen ist die Abwehr-Reaktion eines gesunden Kindes auf die Neurose der Mutter. Als wir das Kind für die Dauer der analytischen Behandlung der Mutter in eine andere Umgebung brachten, zeigte es sofort ein normales Verhalten.

In diesem Fall hat uns das eingehende Ausfragen die Neurose der Mutter erkennen lassen. Ein andermal können wir leicht durch so genaues Erkundigen irregeführt werden, wenn wir nicht merken, daß uns Eltern aus ihrer eigenen neurotischen Situation, oder weil sie das Kind loswerden wollen, eine übertriebene Darstellung geben. In solchen Fällen wird oft normale Vorsicht als neurotische Angst des Kindes gesehen, Ordnungsliebe als Zwangssymptom geschildert, von hysterischem Erbrechen gesprochen, wenn sich das Kind den Magen verdorben hat, und gewöhnliche Ungezogenheit als Verwahrlosung so schweren Grades beschrieben, daß sie in der Familie nicht mehr behoben werden kann.

Wir werden daher darauf achten, ob sich wesentliche Divergenzen in den Aussagen der Eltern und des Kindes über ein und denselben Vorfall ergeben — dabei selbstverständlich die verschiedenen Standpunkte von Eltern und Kind berücksichtigend —, ferner ob ein auffallender Unterschied zwischen dem wirklichen Aussehen und Benehmen des Kindes und seiner vorangegangenen Beschreibung durch die Eltern besteht und in einer nochmaligen Aussprache mit den Eltern größere Sicherheit für die richtige Beurteilung der Sachlage gewinnen.

Auch wenn wir so vorgehen, bleibt von dieser Gruppe noch immer eine Anzahl von Fällen, die dem Erziehungsberater kein sicheres Urteil ermöglichen.

Als Beispiel dazu: Ein Vater bringt seine siebenjährige Tochter in die Erziehungsberatung, weil er über deren nervösen Zustand sehr besorgt ist. Das Kind ist sehr eigensinnig, zeigt besondere Angst vor Finsternis und ganz besonders vor Hunden, träumt so intensiv, daß es in der Nacht aufschreit usw.

Der Vater spricht viel und schildert das Verhalten des Kindes sehr eingehend. Wir erkundigen uns um Einzelheiten noch genauer und gewinnen den Eindruck, daß hier eine Phobie vorliege. Unsere Aussprache mit dem blühend aussehenden, eher robusten Kinde läßt Übertreibungen des Vaters vermuten. Wir nehmen ihn ein zweites Mal vor und fragen noch eindringlicher. Erst jetzt geht er mehr aus sich heraus, und wir erfahren, daß das Kind der Mutter vollständig gleichgültig sei, daß diese mit dem Vater wohl im gemeinsamen Haushalt lebe, aber ihre eigenen Wege gehe und Beziehungen zu anderen Männern habe, daß der Vater nur für das Mädchen lebe, es mit überzärtlicher Angst betreue und auch immer seine körperliche Pflege besorge.

Wir können nicht sicher feststellen, ob das Kind an einer Phobie erkrankt sei oder nur auf die übermäßige Zärtlichkeit des Vaters so abnorm reagiere, raten daher nicht gleich zu einer analytischen Behandlung, sondern veranlassen eine Beobachtung.

Die Beobachtung erfolgt nur dann in der Beobachtungsstelle, wenn sie innerhalb einer Familie nicht durchzuführen ist.

Der Vater hat uns auch angegeben, daß Verwandte gerne bereit wären, das Kind vorübergehend in Pflege zu nehmen. Möglicherweise schwindet die Angst, und das Kind kommt zu einer normalen Reaktion, wenn es der übermäßigen Zärtlichkeit des Vaters entzogen wird. Wir wagen daher den Versuch eines Familienwechsels.

Erst wenn sich die Reaktion des Kindes in längerer Zeit nicht ändert oder noch negativer wird, erscheint die analytische Behandlung am Platz.

Vor noch größere Schwierigkeiten in der richtigen Erfassung der Situation, als neurotische und lieblose Eltern den Erziehungsberater stellen, setzen ihn Eltern mit ungeordnetem psychologischem Wissen. Sie beziehen ihre psychologische Halbbildung aus Vorträgen über Kindererziehung und Kinderpsychologie und aus der Lektüre psychologischer und psychoanalytischer Literatur. Unverdautes psychologisches Wissen hat ihnen die Fähigkeit genommen, kindliche Äußerungen unbefangen zu beobachten: an ihre Stelle sind Gedankengänge getreten, die einem Chaos unverstandener psychologischer Ideen entspringen.

Eine Mutter dieses Typus stellt ihren noch nicht sechsjährigen Jungen in der Erziehungsberatung mit dem Ersuchen vor, ihr zu raten, wie sie dem Kinde helfen könne, den »Ödipus« zu bewältigen. Sie spricht von seiner großen Anhänglichkeit an sie, der Abneigung und dem Haß gegen den Vater und seiner nächtlichen Angst, die sie als Bemühen, von ihr ins Bett genommen zu werden, deutet. Das Kind wird um sieben Uhr zu Bett gebracht — es schläft auf einer Couch im elterlichen Schlafzimmer — aber schon um neun, zehn Uhr, spätestens vor Mitternacht wird der Junge wach, weint und schreit, daß er sich fürchte. Er beruhigt sich erst, bis er bei ihr im Bett liegt. Das äußerliche Leben schildert sie als vollkommen geregelt und geordnet, wie es in bürgerlichen Familien, die im Haushalt und in der Pflege der Kinder auf Ordnung sehen, Brauch ist.

Der Junge macht den Eindruck eines durchaus normalen Kindes, zeigt äußerlich keinerlei Auffälligkeiten, von Angst ist nichts zu merken. Die Unterredung mit ihm zeitigt ein nicht zu erwartendes Ergebnis: Als die Sprache auf die Couch kommt, sagt er: »Auf der Couch kann ich nicht schlafen, ich werde immer wach. Zuerst spüre ich nichts, aber dann kommen immer Wanzen, und vor ihnen fürchte ich mich so, daß mich die Mutter zu sich ins Bett nimmt.« Ob die Mutter wisse, wovor er sich fürchte? Sie wolle ihm immer ausreden, daß es die Wanzen seien.

Die Mutter muß, so unangenehm es ihr ist, zur Kenntnis nehmen, daß nun auch wir diese Tatsache wissen. Durch Erhebungen erfahren wir, daß in der Familie das Gegenteil einer geordneten Wirtschaft herrscht und gerade die Pflege und Behandlung des Kindes sehr viel zu wünschen übrig lassen. Wir versuchen das Interesse dieser Mutter vom psychologischen auf den realen Teil der Kindererziehung und -pflege zu richten.

Im Gegensatz zu den Fällen, in denen dem Erziehungsberater die Verwahrlosungs- und neurotischen Symptome übertrieben geschildert werden, stehen jene, in denen Eltern die häuslichen Verhältnisse und den Zustand des Kindes verschleiern. Häufig werden wichtige Einzelheiten, weil die Eltern sich ihrer schämen, absichtlich verkleinert oder verschwiegen: Über Zwistigkeiten in der Ehe, deren Kenntnis zur richtigen Erfassung der Situation unerläßlich ist, wird nicht gesprochen, oder sie werden nur nebenbei erwähnt, körperliche und moralische Defekte verheimlicht. Bei den Mitteilungen über die Kinder tritt zur Scham noch die Befürchtung, ihnen zu schaden. Diese Eltern sind von Haus aus mißtrauisch oder in ihrer Vertrauensseligkeit enttäuscht worden. Der Erziehungsberater wird in eine Reihe mit jenen anderen gestellt, die vertrauliche Mitteilungen über das Kind gegen das Kind verwendeten.

Von Jugendlichen verschweigen die Eltern häufig strafbare Handlungen und geben sie auf Befragen nur zögernd zu.

Wenn sich der Erziehungsberater grundsätzlich darauf einstellt, zuerst das Vertrauen zu gewinnen, so wird er am ehesten Scham, Furcht und Mißtrauen der Eltern überwinden.

Nicht oft, aber manchmal doch ereignet es sich auch, daß der Erziehungsberater wegen scheinbar ganz harmloser Vorfälle in Anspruch genommen wird. Er denkt zunächst an überspannte Ängstlichkeit oder eine Verschleierung aus eben angeführten Gründen. Tatsächlich ist aber der Sachverhalt ein anderer: Bestehende Konflikte zwischen Eltern und Kind haben sich zu einem argen Affektausbruch gesteigert. Noch in diesem Affekt befindlich, wird der Weg zum Erziehungsberater eingeschlagen. Bis es zur Unterredung mit den Eltern kommt, ist die Aufregung soweit geschwunden, daß die Schilderung nur mehr Belanglosigkeiten enthält.

Es ereignet sich auch, daß Eltern noch im vollen Affekt zum Erziehungsberater kommen. Er wird eine Entladung der Wut provozieren und dann leicht einen Vorwand finden, um Eltern und Kind wieder zu bestellen. Eine endgültige Entscheidung erledigt sich dann oft von selbst, weil sich die Beteiligten mittlerweile wieder ausgesöhnt haben.

Wir haben auf übertriebene und verschleierte Darstellungen der Eltern aufmerksam gemacht und erwähnen noch jene unrichtigen Mitteilungen, die darauf zurückgehen, daß ein wirklich neurotisches Verhalten der Kinder von den Eltern als Verwahrlosung gedeutet oder eine tatsächliche Verwahrlosung als Neurose angegeben wird.

Dazu zwei Beispiele: Ein fünfeinhalbjähriger Junge spuckt zeitweilig, aber dann tagelang, für die Umgebung ganz unmotiviert auf den Fußboden, ist ungewöhnlich wild und absolut negativistisch eingestellt. In diesem Benehmen sehen die Eltern ärgste Schlimmheit und Renitenz des Kindes und strafen es übermäßig auch mit Schlägen.

Erst bei der Unterredung fällt den Eltern auf, daß das Kind auch andere Eigenarten zeigt: Ebenso unmotiviert, wie es spuckt, geht es zeitweilig den ganzen Tag auf den Zehenspitzen herum, hat arge Angstanfälle während der Nacht und zeigt Eßstörungen.

Die Eltern hatten auch ganz vergessen, daß sie das Kind schon im Alter von zweieinhalb Jahren wegen seines absonderlichen Wesens einer ärztlichen Untersuchung zuführen mußten.

Diese Eltern waren leicht zu überzeugen, daß der Zustand des Kindes nicht als Schlimmheit gewertet werden dürfe, sondern krankhafter Natur sei.

Da wir nicht sofort feststellen konnten, ob eine schwere psychische oder organische Störung vorliege, führten wir das Kind einer Beobachtung zu.

Nicht immer sind neurotische Symptome so ausgebildet. Dann hat der Erziehungsberater es schwieriger, Eltern davon zu überzeugen, daß sie Krankhaftes als Verwahrlosung sehen. Bei dem Großvater, von dem wir jetzt berichten, liegt die Sache anders. Er, ein ehemaliger Tischlergehilfe, stellt sein siebenjähriges Enkelkind, das in seinem Haushalt lebt, in der Erziehungsberatung vor. Der Großvater bringt auch seine eigene Diagnose mit: »Kleptomanie und schwere Nervosität.«

Das Kind ist das außereheliche Kind der ältesten Tochter der Familie, die seit zwei Jahren unbekannten Aufenthaltes ist. Als sie sechzehn Jahre alt war, wurde sie vom Vater zum ersten Male aus dem Haus gewiesen, obwohl sie damals, wie die Großmutter sagt, nicht leichtsinniger gewesen sei, als Mädchen dieses Alters es zu sein pflegen. Aber der Vater war mit seinen Kindern sehr streng, besonders streng aber mit der Ältesten. Ganz gegenteilig ist sein Verhalten dem Enkelkind gegenüber. Die Großmutter erzählt Einzelheiten aus dem Aufwachsen des Kindes, aus denen hervorgeht, daß der Großvater eine Zurechtweisung des Minderjährigen durch sie nie duldet. Als beweisend führte sie ganz besonders an: Die Gewöhnung des Kindes an Reinlichkeit machte übermäßige Schwierigkeiten. Der Junge zeigte wenig Lust, den Topf zu benützen. Hatte ihn die Großmutter dazu gebracht, und der Großvater kam zufällig zur Tür herein, so sprang der Junge wieder auf, da er wußte, jetzt würde er nicht mehr dazu angehalten werden. Auch die jüngeren Geschwister seiner Mutter — von denen das Jüngste nur wenig älter war als er selbst —, mit denen er gemeinsam aufwuchs, waren ihm gegenüber machtlos. Der Großvater stand immer schützend hinter ihm. Bei Streitszenen der Kinder fragte der Großvater nicht, er züchtigte nur die anderen. Keines der Kinder durfte sich wehren, wenn ihnen der Kleine etwas wegnahm.

So wuchs der Junge nahezu ohne Triebeinschränkungen heran. Als das Kind auch bei Fremden Dinge und Geld zu nehmen begann, sah der Großvater darin nicht ein Verwahrlosungssymptom, sondern eine nervöse Störung, die er ärztlich behandelt wissen wollte.

Es war aussichtslos, den alten Mann zu einer besseren Einsicht zu bringen. Um eine weitergehende Fehlentwicklung des Kindes zu vermeiden, blieb nur die Loslösung von diesem Milieu.

Die Erziehungsfürsorge kennt »Milieu-Geschädigte«. Das sind Minderjährige, die vorwiegend aus äußeren Ursachen verwahrlosen. Von den vielen Familienkonstellationen, die für das heranwachsende Kind gefährlich werden können, haben wir oben einige aufgezählt.

In der Regel kann der Erziehungsberater an diesen Familienverhältnissen nichts ändern und wird gezwungen sein, das Kind in eine andere Umgebung zu bringen. Daß er trachten wird, die günstigsten Entwicklungsbedingungen für das Kind zu finden, ist selbstverständlich. Sehr überlegen muß er aber, ob er einen Einfluß der Eltern in der neuen Umgebung des Kindes zulassen kann oder nicht. Diese Entscheidung ist unschwer, wenn die Liebesbeziehungen des Kindes zum Vater oder zur Mutter deutlich zu erkennen sind und festgestellt werden kann, von welchem Elternteil der schädigende Einfluß ausgeht.

Der Erziehungsberater wird oft um Vermittlung ersucht, wenn in unglücklichen Ehen, bei in Scheidung begriffenen oder geschiedenen Eltern jeder Elternteil das Kind für sich beansprucht. Erkennt der Erziehungsberater nicht, daß der manchmal mit größter Brutalität und Rücksichtslosigkeit geführte Kampf um das Kind nur bezweckt, den anderen Elternteil schwer zu treffen, so wird sein Eingreifen erfolglos verlaufen. Er wird für das Kind nichts leisten können, weil beide Elternteile ihn schließlich ablehnen.

Durchschaut er aber die Situation sofort, so wird es zu einer vergeblichen Arbeit nicht kommen. Er legt vom Anfang an seinen Standpunkt als Anwalt des Kindes den Eltern gegenüber fest. Diese lehnen ihn dann entweder sofort ab oder fügen sich, und er kann das für das Kind Notwendige veranlassen.

Hier sind einige Bemerkungen über Kindesmißhandlungen einzuschalten.

Die private Erziehungsberatung wird in Fällen von Kindesmißhandlungen wohl seltener als die öffentliche aufgesucht werden. Die öffentliche Erziehungsberatung ist eine Amtsstelle, wird daher von Polizei und Jugendgericht bei Kindesmißhandlungen und von Privatpersonen, wenn diese eine Kindesmißhandlung wahrnehmen, in Anspruch genommen. Ist der Tatbestand der Kindesmißhandlung klar erwiesen, so ist selbstverständlich das Kind der Obsorge der bisherigen Erziehungsperson zu entziehen.

In den weitaus häufigeren Fällen ist jedoch dieser Sachverhalt nicht eindeutig klarzustellen. Mißhandlungsspuren sind nicht mehr wahrzunehmen oder werden als Selbstverletzung, als Verletzungen bei Raufereien hingestellt. Die Aussagen von Anzeiger und Angezeigtem widersprechen sich und auch das Erhebungsmaterial gibt wiederholt keinen eindeutigen Einblick.

Für den Erziehungsberater ergibt sich die Notwendigkeit zu entscheiden, ob das Kind weiter der bisherigen Erziehungsperson belassen werden könne, oder ob es trotz der nicht nachgewiesenen Mißhandlung anderweitig untergebracht werden müsse.

Der Erziehungsberater wird sich bei dieser Entscheidung zunächst davon leiten lassen, ob bereits ein Gerichtsverfahren anhängig ist oder nicht. Ist ein Gerichtsverfahren auf Grund einer Mißhandlungsanzeige eingeleitet, so muß das Kind der Erziehungsgewalt des Angezeigten entzogen werden.

Die Voraussetzung für die Erziehbarkeit des Kindes ist zunächst seine körperliche und psychische Unzulänglichkeit. Seine körperliche Bedürftigkeit, die Schwäche, Unselbständigkeit, die Unfähigkeit, sich selbst zu erhalten, schaffen die materielle, das Liebesbedürfnis und die Unmöglichkeit, seinen Willen gegenüber dem stärkeren Willen des Erwachsenen durchzusetzen, die affektive Abhängigkeit vom Erwachsenen. Daraus ergibt sich für das Kind die Zwangslage, die Abhängigkeit vom Erwachsenen anzuerkennen, sich erziehen zu lassen. Dieser Situation des Kindes entsprechend muß der Erwachsene dem Kind gegenüber in einer bestimmten Stellung, die nicht erschüttert werden darf, bleiben. Im Falle einer Mißhandlungsanzeige, die zu einem Gerichtsverfahren führt, und den damit verbundenen Erhebungen und Untersuchungen durch Fürsorgeorgane, Polizei und Gericht sowie den Affektreaktionen des Angezeigten darauf, die dem Kind auf keinen Fall verborgen bleiben können, wird das Kind in seiner Beziehung zur Erziehungsperson (Angezeigtem) auf jeden Fall so irritiert, daß die Abhängigkeit von ihm verlorengeht. Das Kind hat erlebt, daß die Erziehungsperson nicht mehr die oberste Instanz ist, und die auf seine soziale Einordnung hinzielenden triebeinschränkenden Verbote dieses Erziehers bleiben unwirksam.

Geht die Mißhandlungsanzeige von einem Ehegatten aus, so ist zu überlegen, ob das Kind dem anzeigenden Elternteil übergeben werden kann. Der Erziehungsberater wird feststellen müssen, ob die zwischen den Elternteilen bestehenden Konflikte solcher Natur sind, daß auch der anzeigende Elternteil als Erzieher für das Kind entwertet ist.

Der Erziehungsberater wird nur dann für die Überweisung des Kindes an den siegenden Elternteil eintreten, wenn das Kind selbst zu diesem die stärkeren Liebesbeziehungen hat. Wird bei einer Kindesmißhandlung kein Gerichtsverfahren eingeleitet, dann wird der Erziehungsberater jeden einzelnen Fall nach Eigenart beurteilen. Nicht äußere Verhältnisse werden für einen Milieuwechsel maßgebend sein, sondern nur die Schwere der Schädigung, der das Kind bei weiterem Verbleiben ausgesetzt sein kann.

Mißhandelte Kinder kommen sehr häufig aus dem Trinkermilieu. In der Erziehungsberatung kann das Problem der Trunksucht natürlich nicht in seiner Ganzheit erfaßt werden. Da aber immer wieder Fälle aus Trinkerfamilien in der Erziehungsberatung zur Behandlung kommen, muß der Erziehungsberater auch dazu Stellung nehmen.

Seltener sind Mütter, häufiger Väter der Trunksucht verfallen.

Der Erziehungsberater wird bei rechtzeitiger Inanspruchnahme ohne Analyse und ohne Fürsorgeerziehungsanstalt auskommen, Verwahrlosungsbereitschaft und manifeste Verwahrlosung durch Familienwechsel beheben können. Ein Familienwechsel erübrigt sich, wenn der dem Trunke verfallene Elternteil einer Trinkerheilstätte übergeben werden kann.

Es könnte die Meinung auftauchen, daß eine dahinzielende Intervention nicht mehr in den Wirkungsbereich der Erziehungsberatung fällt. Dazu ist aber zu bemerken, daß nicht jeder betrunkene Vater so exzediert, daß die Mutter selbst ihn wegbringt oder die aufmerksam werdenden Nachbarn eingreifen. Verschüchterte, verängstigte, dem Mann ganz unterlegene Frauen ertragen jahrelang die Quälereien des betrunkenen Mannes. Namentlich dann, wenn er im nüchternen Zustand immer wieder verspricht, das Trinken aufzugeben. Sie bringen auch nicht die Kraft auf, der schwer leidenden Kinder wegen eine Änderung herbeizuführen.

Auch in der Erziehungsberatung kommen zuerst nur zögernde unklare Andeutungen, die sofort wieder ängstlich zurückgenommen werden. Erst durch vorsichtiges, sanftes Drängen sind diese Frauen zum Sprechen zu bringen. Was der Erziehungsberater dann zu hören bekommt, ist recht arg. Vielfach ist es nicht das Ärgste, daß die Frau vom Mann im betrunkenen Zustand zum Coitus vor den Kindern gezwungen wird. Da solche Situationen nicht ohne schwerste Schädigung für die Kinder bleiben können, hat der Erziehungsberater einzugreifen.

In Fällen, in denen Trunkenheit des Mannes zu wüsten Exzessen führt, in deren Verlauf Frau und Kinder verprügelt und so behandelt werden, daß sie die Wohnung verlassen müssen und der betrunkene Mann dann die Wohnungseinrichtung zertrümmert, sind wir geneigt, mit Vorrang den brutalen Mann zu sehen. Das kann, muß aber nicht zutreffen. Wir kennen Fälle, die bei genauer Untersuchung erkennen ließen, daß der Mann nicht der rohe, gewalttätige, sondern im Gegenteil, der weichliche, schwächliche, im nüchternen Zustand gehemmte Mann ist. Auffällig ist, wie diese Männer von ihren Frauen geschildert werden: im nüchternen Zustand sehr verträglich, anständig, brav, gefällig, hilfsbereit bei den häuslichen Arbeiten.

Der Eindruck, einen weichlichen Mann beschrieben zu bekommen, ist nicht abzuwehren. Noch auffälliger ist, daß die Frau, die ihn beschreibt, ein aktiver, energischer männlicher Typ ist.

Wir konnten in einigen dieser Fälle feststellen, daß die Affektausbrüche in der Trunkenheit nur den mit ungeeigneten Mitteln unternommenen Abwehrversuch des zu schwachen Mannes gegen die Unterdrückung durch die Frau bedeuten.

Er ist in einer Art höriger Abhängigkeit von seiner energischen Frau. Eine Zeitlang lebt er im Sinne der angedeuteten Triebeinstellung, bis er durch die gewiß nicht beabsichtigten, aber aus der Ich-Struktur dieser Frau bedingten Quälereien schwer gekränkt, wahrscheinlich auch in Angst versetzt ist und durch den Anspruch seines Über-Ichs getrieben wird, »Mann« zu sein.

Aus dem Gefühl seiner Ohnmacht und der Unmöglichkeit, die eigene Passivität überwinden zu können, versetzt er sich durch Alkohol in den Zustand einer künstlichen Hemmungslosigkeit.

Wahrscheinlich ist er in dem Augenblick ganz »Mann«, in dem Frau und Kinder die Wohnung fluchtartig verlassen und er die Wohnungseinrichtung zertrümmert.

Der Erziehungsberater muß diese Zusammenhänge kennen, weil er in solchen Fällen nicht darauf bestehen wird, die Heilung des Trinkers in der Trinkerheilstätte zu suchen. Er dient der Fürsorge um das Kind am besten, wenn er versucht, ruhigere Milieuverhältnisse herzustellen.

Ob dies durch Analyse von Vater und Mutter zu erreichen wäre, konnten wir nicht feststellen, da uns die Möglichkeit, diese zu veranlassen, fehlte.

Eine erträgliche Situation schufen wir in einigen Fällen dadurch, daß wir in oftmaligen Besprechungen in der Erziehungsberatung starke Beziehungen von Vater und Mutter zu uns herstellten, dabei der Frau die Möglichkeit einer passiven Einstellung gaben, und außerdem dem Mann die Gelegenheit schufen, seine aggressiven Tendenzen in sozialer Form zu äußern. Erfahrungsgemäß ist ein stabiler Erfolg aber immer nur dann zu erreichen, wenn die Beziehungen zu uns längere Zeit aufrechterhalten und nur nach und nach abgebaut werden.

Eine Änderung in den Familienverhältnissen des Trinkers herzustellen, scheint in der Regel ganz aussichtslos zu sein, und doch ist sie oft erfolgreich durchzuführen. Im Gegensatz dazu gibt es Familiensituationen, die nur einer geringen Änderung bedürfen, um zur Mitarbeit bei Behebung der Verwahrlosung herangezogen werden zu können. Scheinbar müßte diese Änderung leicht zu erreichen sein, und doch bleibt alles Bemühen des Erziehungsberaters darum erfolglos. Zu diesen Familienkonstellationen gehören unter anderem jene, in denen Väter den Schwerpunkt ihrer Interessen außerhalb ihrer Familie verlegen. Es sind nicht schlechte Väter, die die Familie bewußt vernachlässigen, aber geschäftliche, öffentliche, politische Betätigungen nehmen sie immer wieder in Anspruch. Ruft der Erziehungsberater solche Väter zur Mitarbeit heran, so sagen sie gerne zu, leisten aber in Wirklichkeit nichts. Die Mütter fühlen sich vernachlässigt, können aber nur die Verhältnisse und nicht die Person des Vaters dafür verantwortlich machen, werden dem Kind gegenüber ungerecht, und die Verwahrlosung vertieft sich immer mehr.

Die erziehungsberaterische Schwierigkeit liegt darin, daß der Vater verstandesgemäß, aber nicht affektiv allem beipflichtet, was der Erziehungsberater von ihm verlangt, es daher nicht durchführt. Wir haben wiederholt erfahren, daß der Vater Unterlassungen, die wir von ihm forderten, soweit sie nicht seinen oben angedeuteten Interessenkreis berühren, durchführt. Er ist bereit, sich passiver zu verhalten, vom Kinde weniger zu fordern als bisher, denn aktivere Betätigungen bringt er nicht zustande.

Es sieht aus, als ob der Vater die Hoffnung auf eine, wenn auch verspätete Wunscherfüllung nicht aufgegeben hätte und deshalb nicht im Stande sei, von seinem Interessenkreis Libido abzuziehen und seinem Kinde zuzuwenden. Dadurch hat er zu seinem Kind weniger starke libidinöse Beziehungen als jene Väter, denen das Kind die letzte Möglichkeit zur Realisierung eigener unerreichter Wünsche gibt.

Aus den Milieugeschädigten lassen sich noch als besondere Gruppe jene herausheben, die trotz normalen Entwicklungsvorganges bei der Über-Ich-Bildung zu einem, von der Gesellschaft aus gesehen, defekten Über-Ich gekommen sind; denn die Personen, von denen sie dieses beziehen, sind selbst schon verwahrlost, Verbrecher, oder haben ihr Über-Ich anders orientiert als die Gesellschaft, innerhalb der sie leben.

Diese Minderjährigen erleben den ersten Zusammenstoß mit der außerhäuslichen Realität mit Erstaunen. Sie bleiben unbefangen, weil er ihnen unverständlich ist. Später werden sie vorsichtiger, kommen aber nicht zu einer Triebverdrängung und einem Triebverzicht wie andere Kinder, sondern nur zu einem Aufschub mit der Tendenz, durch immer geschickteres Verhalten doch zur ungestraften Triebbefriedigung zu gelangen. Die intellektuellen Funktionen sind viel mehr in Tätigkeit als die affektiven. Dies sind die eigentlichen Asozialen, die an dem Jugendrichter ebenso vorbeireden, wie er an ihnen, bei denen als Trotz und Verstocktheit gewertet wird, was nur Hilflosigkeit aus einem Nichtverstehen ist. Ihre dissozialen Äußerungen sind zumeist Eigentumsdelikte. Dieser Typus kommt sehr oft mit neurotischen Symptomen vor. Er ist in der Erziehungsberatung an der Art seines Auftretens zu erkennen: Frechheit, hinter der Unbekümmertheit steckt. Überlegenheit ohne Arroganz, Verständnislosigkeit gegenüber moralischen Vorhalten.

Volle Sicherheit, daß wir es mit diesem Typus zu tun haben, erhalten wir durch Erhebungen bei Polizei, Gericht und in der

Familie, durch eingehende Aussprachen mit Eltern, Geschwistern, Verwandten. Das Verbrechermilieu, aus dem sie kommen, tritt dann für uns deutlich zu Tage.

Erziehungserfolge sind nur bei lang dauernder Unterbringung in einer Fürsorgeerziehungsanstalt und Verwahrlosten-Analyse zu erwarten.

In diesem Zusammenhang erwähnen wir auch das bettelnde Kind.

Wird es von den Eltern zum Betteln angehalten oder ahmt es das Tun von Geschwistern oder Eltern nach, so ist das durch Erhebungen im Haus oder bei der Polizei zu erfragen.

Ehe wir neurotische Komponenten suchen, die eine Analyse notwendig machen würden, müssen wir erst genau nachprüfen, ob die Tendenz zum Betteln nicht der Durchbruch eines auf andere Weise nicht zu befriedigenden Wunsches ist.

Auch sonst kann noch verschiedenes zum Betteln führen:

Z. B.: Ein Kind wird wiederholt von der Polizei aufgegriffen, weil es Passanten anbettelt. Die wirtschaftliche Situation der Eltern ist sehr schlecht. Der Vater ist seit Jahren bettlägerig, die Mutter auf Gelegenheitsverdienst angewiesen. Der Verdacht liegt nahe, daß das Kind von zu Hause betteln geschickt wird. Die Erhebungen ergeben: Die Familie war früher gut situiert, ist jetzt vollständig verarmt, trotzdem aber zu stolz (verschämte Arme), Unterstützungen anzunehmen. Jede wirtschaftliche Hilfe des Jugendamtes wird zurückgewiesen. Es erscheint nicht wahrscheinlich, daß das Kind zum Betteln angehalten wird. Die Eltern haben, so oft sie vom Betteln des Mädchens erfuhren, das Kind aufs heftigste »ausgeschimpft«.

In der Erziehungsberatung spielt sich im Verlaufe des Gespräches mit dem zehnjährigen Mädchen folgende Szene ab. Das Kind erzählt: »Ich spiele mit meiner Puppe Fortgehen. Ich trage sie auf den Gang hinaus, suche sie dann im Zimmer und finde sie nicht. Dann gehe ich auf den Gang, hole sie herein und frage sie: ›Wo warst du?‹ Darauf sagt mir Gretl (die Puppe): ›Mach die Augen zu, halt die Hand zu.‹ Ich mache das und sie drückt mir ein Geldstück in die Hand. Ich frage sie: ›Woher hast du das Geld?‹ Sie sagt: ›Ich war betteln.‹« Jetzt erschrickt das Kind, errötet tief und sagt: »Das ist aber nur Spiel, denn betteln gehen darf man ja nicht.«

Man kann sich vorstellen, wie intensiv sich das Kind in seiner Phantasie mit der häuslichen Not beschäftigt, wie es durch diese bedrückt wird und wie stark die kindlichen Wünsche die Behebung der elterlichen Armut zum Inhalt haben. Es läßt sich unschwer erkennen, daß im Spiel die Puppe die eigene Person des Mädchens vertritt und es selbst den kranken Vater spielt, zu dem es so oft in Wirklichkeit nach dem Bet-

teln gekommen ist, freilich ohne den Ertrag des Bettelns mit-
zubringen. In Wirklichkeit hatte es nämlich das erbettelte
Geld verworfen oder verschenkt. In den seltensten Fällen
wurde es zur Stillung des eigenen Hungers verwendet, obwohl
es stets hungerte.

Das Spiel sagt uns aber noch mehr. Das Kind bettelt, um
jemanden zu überraschen. Weiter: Beim Betteln benimmt es
sich ebenso, wie oben bei der Erzählung des Bettelns geschildert, als es plötzlich errötet. Sobald es im Besitz des Geldes
ist, werden die elterlichen Verbote wirksam. Ferner: In der
Phantasie gibt es das Geld dem Vater. Wenn wir erfahren,
daß die Mutter das verdiente Geld nicht selbst ausgibt, sondern, um dem Mann Kränkungen zu ersparen, es ihm ablie-
fert, damit er als der geldverwaltende Teil weiter fungieren
kann, so können wir schließen, daß das Mädchen sich mit
der Mutter identifiziert hat und das Spiel eine unverdrängte
Wunscherfüllung des Kindes darstellt. Seine sinnvolle und
realitätsangepaßte Handlungsweise in bezug auf den Geld-
verdienst bestätigt die Vermutung der Identifizierung mit der
Mutter — es verdient Geld durch Betteln. — Die Sinnlosigkeit
in der Geldverwendung, indem es das Geld verschenkt oder
verwirft, verrät, daß der Versuch einer Identifizierung mit
dem Vater nicht geglückt ist — diesen Versuch zeigt das Spiel,
indem es die Puppe das eigene Ich spielen läßt und sich selbst
so benimmt, wie es möchte, daß der Vater sich verhält, indem es das Geld im Spiel annimmt (siehe oben) — sondern
daß es wahrscheinlich in einer reinen Objektbeziehung zu
ihm steht. Da die Wunscherfüllung dieser Beziehung in der
Realität nie eintritt, wird es immer wieder zum Betteln gezwungen.

Eine Änderung erzielten wir durch Besuch in der elterlichen
Wohnung, bei dem es uns gelang, den Vater zu überzeugen,
daß er verpflichtet sei, die Hilfe des Jugendamtes anzunehmen und das Mädchen in einer Tagesheimstätte unterzubringen. Eine analytische Behandlung war nicht notwendig, auch
nicht die Einweisung in eine Erziehungsanstalt.

Unter den in die Erziehungsberatung gebrachten Kindern be-
finden sich häufig solche, deren Schulschwierigkeiten, die den
Anlaß ihres Kommens bieten, durch Lernhemmungen verursacht werden. Die meisten von ihnen werden von der Schule
typisch mit zwei Sätzen charakterisiert:

Das Kind kann sich nicht konzentrieren.

Es könnte viel mehr leisten, wenn es wollte.

Die so beschriebenen Kinder sind in der Regel starke Tagträumer, die den Großteil ihrer Energien in Phantasien ver-
brauchen. Sie könnten ihrer Begabung nach wirklich mehr

leisten, aber nicht wenn sie »wollten«, sondern wenn sie »wollen könnten«. Sie sind keineswegs unfähig, sich zu konzentrieren, aber sie konzentrieren sich auf den Inhalt ihrer Tagträume und nicht auf die von ihnen verlangte sachliche Arbeit in der Schule. Dem Analytiker müssen wir wohl nicht sagen, was hinter den Tagträumen steckt und wie er ihnen beikommen kann, vielleicht ist aber ein Hinweis auf die Diagnose dieses Typus in der Erziehungsberatung wichtig. Diese Kinder sind während der Erziehungsberatung relativ leicht zum Phantasieren zu bringen. Richtiges Verhalten des Erziehungsberaters wird Assoziationen auslösen. Er kann durch Anknüpfung an das kindliche Spiel zunächst jene Phantasien, die hinter dem Spiel stecken, erzählen lassen.

Es gibt aber oft gerade unter diesen Kindern solche, die den Kontakt mit der Realität soweit unterbunden haben, daß sie ihre Phantasien nicht in ein Spiel einbauten, das Spiel sogar als Störung ihrer lustvollen Phantasietätigkeit empfinden, sondern vor sich hinträumen, was auch immer um sie herum geschieht. Bei diesen Knaben wird ein Anknüpfen an kindliches Spiel dahinter steckende Phantasien nicht zu Tage fördern. Dieses Kind, nach seinen Phantasien gefragt, wird dieselben infolge des an die Phantasietätigkeit geknüpften Schuldgefühles nicht erzählen, auch wenn die Phantasien bewußt sind. Bei vielen Kindern hat der Verdrängungsmechanismus bereits die Leistung der Umwandlung bewußter Phantasietätigkeit in unbewußte vollbracht. Man kann von ihnen nicht mehr sagen, sie träumen vor sich hin, sondern sie schauen bloß vor sich hin. Gefragt könnten sie nur — volle Aufrichtigkeit vorausgesetzt — aussagen, an nichts gedacht zu haben. Wir wissen aber, daß in diesen Augenblicken scheinbarer Ruhe verdrängte Phantasien ablaufen.

Es ist oft von Vorteil, es dem Kind in der Erziehungsberatung zu ermöglichen, Phantasien so zu erzählen, daß es das Erzählte nicht als eigene Phantasie erlebt und daher von Schuldgefühl frei bleibt oder bei starken Verdrängungen es zu zwingen, seine Phantasien teilweise in das Bewußtsein dringen zu lassen.

Zu diesem Zweck lassen wir das Kind eine bequeme Stellung einnehmen, die Augen schließen und versuchen, seine Aufmerksamkeit auf eine bewußte Vorstellungswelt zu konzentrieren: es möge sich einen Kinobesuch, eine Eisenbahnfahrt, bei der es zum Fenster hinausschaut, oder das Blättern in einem Bilderbuch, in dem verschiedene Bilder zu sehen sind, vorstellen und uns sagen, was es sieht.

Geht das Kind darauf ein und beginnt zu assoziieren, dann ist weiter keine Schwierigkeit, die Assoziationskette zu verfolgen.

Ein typisches Gespräch dieser Art führten wir mit einem elfjährigen Hauptschüler, den seine Mutter aus berechtigter Angst, er werde das Schuljahr wiederholen müssen, auf die Erziehungsberatung brachte. Die Konflikte mit der Umwelt, die der Junge infolge seiner Tagträumerei erlebte, wurden durch die Quälereien seiner Mutter, denen er ausgesetzt war, und durch die Rücksichtslosigkeit seines brutalen Vaters bis ins Unerträgliche gesteigert, so daß ihm tatsächlich jedes Motiv, mit der Umwelt, die für ihn nur eine Unlustquelle war, in einen realen Kontakt zu gelangen, fehlte. Er war infolgedessen — so der Bericht der Mutter — ein schweigsamer, verschlossener Junge. Es gelang uns unter Anwendung des oben beschriebenen Vorganges, in einigen Minuten aus ihm, freilich nur vorübergehend, ein fröhlich plauderndes Kind zu machen.

Wir möchten nur auf jenen Teil des Gespräches hinweisen, in dem wichtige Anhaltspunkte für die tiefsten Inhalte seiner Neurose verraten wurden.

Bei der Assoziation im Anschluß an die Kinoleinwand lief eine Assoziationskette ab, die aus folgenden Bildern bestand: Aus schwarzen Ringen kristallisierte sich eine Landstraße heraus, auf der ein Elefant mit einem Kinde stand. Daran schloß sich das Bild des Schulatlas, der Kahlenberg, ein Tunnel, in den ein Zug hineinfährt und stecken bleibt, an. Bis auf den Atlas waren dies Inhalte, die es in der Realität nie gesehen hatte. Bringen wir sein sonstiges Verhalten in Zusammenhang mit dieser Assoziationskette, dann werden wir nicht zögern, das Kind einer psychoanalytischen Behandlung zuzuführen.

Aber nicht nur unter den Kindern, auch unter den Jugendlichen finden wir solche Tagträumer, die, ganz in ihre Phantasien versunken, realitätsuntüchtig sind, die Beziehungen zu der Umwelt mehr oder minder verlieren, so richtig als Phantasten bezeichnet werden.

Als Beispiel: Von einer Fürsorgerin wird ein 17jähriger Junge wegen »Hochstapelei« in die Erziehungsberatung gebracht. Seine Eltern sind simple, aber sehr brave ältere Leute. Der Junge selbst hat nach mehrfachem Wechsel seiner Lehrstelle jetzt eine Anstellung als Praktikant und arbeitet dort angeblich zur Zufriedenheit seines Chefs; es ist aber zu befürchten, daß er bald wieder seinen Arbeitsplatz verlieren wird. Da der Junge mit 15 Jahren unter Mitnahme des Schmuckes seiner Mutter von zu Hause durchgebrannt war, wurde er nach bedingter Verurteilung unter Schutzaufsicht gestellt. Die Fürsorgerin, die besorgt ist, daß der Junge bei einem neuerlichen Delikt nunmehr unbedingt verurteilt werden würde, berichtet, daß er gegenwärtig nächtelang von zu Hause wegbleibt, von einer reichen Damenbekanntschaft mit der Frau eines Offiziers erzählt, die ihm viel Geld eingetragen habe, ebenso vom Rauschgifthandel, den er betreibt.

Eine Unterredung mit dem Jungen ergab aber ein wesentlich anderes Bild. Wir sprachen über den Rauschgifthandel. Auf unsere Frage nach seinem letzten Geschäft widersprach er seiner zuerst gemachten Behauptung und erzählte, daß er jetzt nicht mehr mit Rauschgiften handle, da es zu riskant sei, sondern mit Glücksspiel Geld zu verdienen suche. Früher in Deutschland allerdings habe er viel Geld mit Rauschgiften verdient. Nach einem genauen Bericht eines derartigen Erlebnisses gefragt, ist deutlich zu ersehen, daß es sich nicht um Realerlebnisse handelt, sondern Wunschphantasien erzählt werden. Ähnlich ist es bei den Glücksspielen. Aus den großen Glücksspielen wurden Kopf- und Adlerspiele in einer kleinen Konditorei am Sonntag-Nachmittag.

Hinter der Damenbekanntschaft, auf die wir nicht mehr eingingen, vermuteten wir eine Beziehung mit einem Dienstmädchen. Der Zufall wollte es — er war kurze Zeit in Beobachtung —, daß seinen Aufschneidereien tatsächlich ein harmloses Verhältnis mit einem Dienstmädchen zugrunde lag.

Der »Hochstapler« entpuppte sich als ein gutmütiger, beschränkter Phantast, der — wenn die Möglichkeit einer Analyse nicht gegeben ist — auch mit einem positiven Übertragungsverhältnis, das durch häufige Vorsprachen in der Erziehungsberatung fortgesetzt werden muß, ohne Konflikte mit der Realität in eine stabile Situation gebracht werden kann.

Seine Beschränktheit läßt außerdem eine psychoanalytische Behandlung heute als unökonomisch erscheinen. Wichtig ist es bei solchen Fällen, es nicht zu Affektstauungen kommen zu lassen, da dieser Typus dann zu explosionsartigen Unüberlegtheiten neigt. Das war beim Diebstahl der Fall, dessen nähere Ursachen infolge der Kürze der Beobachtungszeit, die aus äußeren Gründen abgebrochen werden mußte, nicht ermittelt werden konnten.

Wenn Kinder in die Erziehungsberatung gebracht werden, bei denen wir vermuten können, daß sie in ihrem Heranwachsen subjektiv eine weitgehende Einschränkung ihrer persönlichen Freiheit erlebt haben, so werden wir zunächst versuchen, durch die Gewinnung der Erziehungspersonen (Mütter, Väter) die Umgebung so zu gestalten, daß das Kind sein bisheriges Verhalten aufgeben muß. Erst wenn dieser Versuch zu keinem Ergebnis führt, werden wir auf tiefere Ursachen der vorliegenden Schwererziehbarkeit schließen und Beobachtung durch analytisch geschulte Pädagogen veranlassen, oder gleich auf eine Psychoanalyse dringen.

Eine Mutter kommt mit ihrem siebenjährigen Jungen, der ihr die größten Führungsschwierigkeiten macht. Aus ihrer Schilderung das Wesentliche: Das Kind ist über alle Maßen unfolgsam, ungebärdig, wild und trotzig. Aus Bosheit zerbricht es Küchengeschirr und Gläser, beschädigt Möbel und andere Einrichtungsgegenstände. Wenn die Mutter will, daß der Junge etwas Bestimmtes tue, muß sie gerade das Gegenteil verlangen. In der Schule ist er der Schrecken des Lehrers. Er ist völlig undiszipliniert, unverträglich, rechthaberisch, streitsüchtig, drängt sich auffällig vor, ruft während des Unterrichts ganz unmotiviert dazwischen, verschmiert oder zerreißt Schulhefte und Bücher seiner Mitschüler, nimmt ihnen Bleistifte und Federstiele weg und zerbricht sie. Die Klassengenossen lehnen ihn ausnahmslos ab, auch er mag sie nicht. Bemerkt muß werden, daß er der begabteste Schüler der Klasse ist.

Die Mutter macht durchaus nicht den Eindruck, daß sie ihr einziges, von ihr sehr geliebtes Kind besonders verwöhne. Sie ist eine einfache Frau, die zum Haushalt durch Heimarbeit beiträgt. Sie steht fest und aufrecht in der Realität, trotzdem sie augenscheinlich nicht sehr glücklich ist, was sie aber im Benehmen und Reden zu verbergen sucht. Sie beschuldigt sich, daß sie durch ihre Tagesarbeit zu sehr in Anspruch genommen werde, um sich dem Kind genügend viel widmen zu können. Vom Mann spricht sie gut. Dieser ist der brave fleißige Arbeiter, weder Spieler noch Trinker, gibt seinen vollen Arbeitslohn für die Familie her, bekommt nur Taschengeld, verbringt seine ganze freie Zeit zu Hause und ist doch nicht der richtige Mann und Vater. Das Radio ist ihm das Wichtigste. So willenlos und schwach er sonst ist, so brutal kann er werden, wenn ihn das Kind beim »Radiohören« stört. In seinem Zorn züchtigt er den Buben oft maßlos, und die Frau kann ihn daran nicht hindern. Bei der Schilderung der häuslichen Verhältnisse findet die Mutter viele den Mann lobende und anerkennende Worte. Über seine Wutanfälle und die Züchtigungen des Kindes geht sie entschuldigend hinweg, sie streift sie kaum. Und doch schwingt in ihren Worten ein Ton mit, der vermuten läßt, daß sie in der Ehe unbefriedigt bleibt. Letzten Endes genügt sich dieser Mann doch selbst, ein wirkliches, richtiges Verständnis für die Bedürfnisse von Weib und Kind hat er nicht.

An den Erfahrungen der Erziehungsberatung gemessen, ist dieses Milieu relativ nicht schlecht. Zumindest liegt keine unbedingte Nötigung vor, das Kind anderwärts unterzubringen. Es bleibt nur die Möglichkeit einer Behandlung des Kindes in der Familie. Die Mutter zeigt sich sehr verständig, und es kann der Versuch gewagt werden, ihr die Behandlung anzuvertrauen, wenn einmal festgestellt ist, worin diese zu bestehen hat.

Wüßten wir nur, welche Ursachen das Verhalten des Kindes bedingen, so ließen sich die nötigen Anleitungen geben, aber weder eine körperliche Untersuchung noch eine ein- oder mehrmalige Aussprache mit dem Kind wird sie finden lassen. Wir können nur vermuten, aus welchen Ursachen das dissoziale Verhalten des Kindes zu Hause und in der Schule entspringt und müssen dieser Vermutung entsprechend die Behandlung des Kindes beginnen.

Aus der Unterredung mit Mutter und Kind drängt sich die Annahme auf, daß das Kind in seinem Bestreben sich durchzusetzen, fortwährend auf Hindernisse gestoßen sei. Sein Zustand ließe sich daher vielleicht als eine Reaktion auf fortgesetzte Unterdrückung seines Geltungsbedürfnisses, wie Individualpsychologen dies nennen — wir werden es einfach als Einschränkung der persönlichen Freiheit bezeichnen — zurückführen. Darauf stellen wir nun den ersten Behandlungsversuch ein. Zunächst raten wir der Mutter, das Kind während einer Woche machen zu lassen, was es wolle und dann wiederzukommen. Die Mutter, die vollstes Vertrauen zum Erziehungsberater gewonnen hat, erklärt sich bereit, die möglicherweise sehr schwierige Aufgabe zu übernehmen. Nach einer Woche berichtet sie wie folgt:

Am ersten Tag schwenkt der Junge ein halbvolles Tintenfäßchen absichtlich so stark herum, daß Wände und Möbel mit Tinte bespritzt sind.

Verhalten der Mutter: sie reinigt stillschweigend, ohne dem Kind den leisesten Vorwurf zu machen, die Möbel und kratzt die Tintenflecke von der Wand, damit der heimkehrende Vater nichts merkt.

Am zweiten Tag wirft der Junge einen halbvollen Kohlensack um und leert ihn aus. Der herumwirbelnde Kohlenstaub beschmutzt die weiß lackierten Küchenmöbel.

Die Mutter reinigt stillschweigend, wieder ohne dem Kind den leisesten Vorwurf zu machen, die Küchenmöbel.

Am dritten Tag kommt der Junge, während die Mutter das Mittagessen am Gasherd kocht, in die Küche. Er schließt den Gashahn, die Mutter entzündet die Flamme, er schließt den Hahn neuerlich, die Mutter zündet wieder an.

Nachdem das Spiel vom Auslöschen und Anzünden ungefähr eine halbe Stunde stattgefunden hat, bemerkt sie ruhig: »Wir können das so fortmachen, aber dann bekommen wir kein Mittagessen.« Der Junge verläßt hierauf die Küche.

Am vierten Tag stellt sich der Junge zum Waschbecken und wäscht sich so lange die Hände, bis ein ganzes Stück Seife verbraucht ist.

Die Mutter läßt ihn stillschweigend gewähren.

Am fünften Tag wiederholt sich das Spiel beim Gasherd.

Am sechsten Tag nimmt der Junge seine Eisenbahnlokomotive und läßt sie auf dem Fensterbrett laufen, wobei er sie so niederdrückt, daß ihre Räder tiefe Rillen in das Holz einschneiden.

Die Mutter verkittet die Rillen und streicht die Fensterbretter der beiden Zimmerfenster neu an, damit der Vater nichts merkt, ohne aus der Ruhe zu kommen.

Am siebenten Tag ist Zeugnisverteilung in der Schule. Er hat den besten Lernerfolg aufzuweisen, keiner seiner Mitschüler reicht an ihn heran. Er kommt sehr stolz nach Hause und stellt an diesem Tag nichts an.

Bemerkenswert ist, daß an jedem Tag nur eine »große Untat« vorkommt, er sich sonst aber vollkommen normal benimmt.

Die zweite Woche verläuft bis auf eine »Untat« sehr ruhig. Die Mutter geht Milch holen. Als diese in die Kanne gegossen wird, entdeckt sie, daß der Boden durchlöchert ist. In der Erziehungsberatung stellt sich heraus, daß Vater und Sohn am Sonntag vorher das schadhafte Küchenblechgeschirr gelötet haben. Es war keine Arbeit für den nächsten Sonntag mehr da, und deshalb hat der Junge mit einer abgebrochenen scharfkantigen Feile die Löcher in den Boden der Kanne gebohrt, um wieder Material zu bekommen.

In die dritte Woche fällt der Faschingssonntag. Die Mutter bäckt Faschingskrapfen und stellt sie zum Auskühlen auf das Fensterbrett. Der Junge bleibt allein in der Küche, ißt sechs Stück der heißen, schwer verdaulichen Mehlspeise, dazu noch ein Viertelkilogramm vom Kochen übriggebliebenen Staubzucker. Es wird ihm nicht einmal übel; er bleibt gesund. Dies war, nach den Berichten der Mutter, das letzte »Stückchen«, das er sich leistete. Seither benimmt er sich nicht anders als andere Kinder in seinem Alter, auch die Schwierigkeiten in der Schule haben nach und nach aufgehört.

In diesem Fall war die Vermutung, die zu dieser Behandlung führte, richtig. Der Erfolg ist lediglich dem ungemein tapferen Ausharren dieser einfachen, pädagogisch vollständig ungeschulten Frau zuzuschreiben. Hätte sich das Benehmen des Knaben bei weiterem Gewährenlassen durch die Mutter nicht geändert und wäre auch die Mithilfe des Erziehungsberaters (wiederholte Aussprachen mit dem Kind) erfolglos geblieben, so könnten nur tiefere Ursachen diesen Zustand begründen. Als solche kämen beispielsweise in Frage: Haßeinstellung gegen den Vater, eine Verschiebung des Hasses zunächst auf Gegenstände, die dem Vater gehören, später auf Gegenstände überhaupt und auch auf andere Personen; Todeswünsche gegen den Vater, verdrängte Schuldgefühle dem Vater gegenüber, Schuldgefühle infolge Masturbation usw. Eine Beseitigung dieser im Unbewußten des Kindes verankerten Ursachen gelingt nur durch deren Aufdeckung, die einer psychoanalytischen Behandlung vorbehalten bleiben muß.

Nicht selten sind die Fälle, in denen die Erziehungsberatung zu sexuellen Äußerungen von Kindern und Jugendlichen Stellung nehmen muß und von Eltern, die wissen wollen, wie ihre Kinder sexuell aufzuklären sind, in Anspruch genommen wird. Neurotische Eltern, die nicht merken, daß sie dem Kinde förmlich nachspüren und harmloseste Äußerungen kindlichen Sexuallebens weit übertreiben, verlangen vom Erziehungsberater oft sofortige Abhilfe. Sie sind entsetzt, wenn der Erziehungsberater ihren Abscheu nicht berechtigt findet und ihre Angst um die Zukunft des »so verdorbenen Kindes« nicht teilt.
Der Erziehungsberater wird sich bemühen, diesen Eltern das Unsinnige ihres Verhaltens, ihrer Befürchtungen und ihres Verlangens auseinanderzusetzen. Erfahrungsgemäß gelingt dies erst durch mehrere Aussprachen. Sehr viel ist schon erreicht, wenn er bei den ersten Vorsprachen die Eltern dahin bringt, die sexuellen Äußerungen ihres Kindes harmloser aufzufassen. Erst später wird er versuchen, das Interesse der Eltern vom Sexualleben des Kindes mehr und mehr abzuziehen. In allen diesen Fällen wird er sich vorerst mit den Eltern beschäftigen, deren Angst und Abscheu vor der kindlichen Sexualität beheben, und so dem Kinde die Freiheit für seine normale, ungehinderte sexuelle Entwicklung verschaffen.
Wenn es nicht gelingt — was häufiger bei Müttern, seltener bei Vätern der Fall ist —, eine natürliche Einstellung zum Sexualleben des Kindes zu erreichen, dann wird der Erziehungsberater eine Entfernung des Kindes aus dem Milieu erst dann verlangen, wenn auch der Versuch, den neurotischen Elternteil in Analyse zu bringen, mißlungen ist.
Wir dürfen aber nicht annehmen, daß nur neurotische Eltern im Sexualleben ihrer Kinder Auffälliges finden. Teilen uns anscheinend normale Eltern sie beunruhigende Beobachtungen aus dem Sexualleben ihrer Kinder mit, so werden wir sie nicht mit dem Hinweis auf das Naturgemäße kindlicher Sexualität beruhigen, sondern in solchen Fällen den Sachverhalt genau prüfen, um nicht krankhafte Äußerungen des Kindes zu übersehen.
Unter den sexuellen Betätigungen der Kinder, über die sich die Eltern am meisten beunruhigen, empören und besonderen Rat haben wollen, sind am häufigsten Onanie, gegenseitige Onanie und Verleitung zur Onanie zu nennen. Obwohl die Inanspruchnahme der Erziehungsberatung dieser Fälle wegen

jetzt relativ seltener geworden ist, gibt es immerhin noch genug Eltern, die nicht erkennen, daß viele Erziehungsschwierigkeiten auf die aus falscher Auffassung über die kindliche Onanie hervorgehende, unrichtige Behandlung des Kindes zurückgehen.

Der Erziehungsberater wird, ohne seine Einstellung zur Onanie des Minderjährigen zu ändern, die jeweilige psychische Situation der Eltern berücksichtigen, um nicht durch deren Widerstand für das Kind eine noch ungünstigere Situation zu schaffen. Er wird sich auch an die Erfahrungstatsache halten, daß normale Eltern im allgemeinen auf die Onanie ihres Kindes nicht reagieren, weil sie sie in der Regel gar nicht sehen. Wenn uns daher beispielsweise nichtneurotische Mütter über die Onanie ihres Kindes Auffälliges zu berichten haben, dann ist fast mit Sicherheit anzunehmen, daß der Erziehungsberater Anlaß zum Einschreiten finden wird. Wir wissen, daß mancherlei Schulschwierigkeiten auf die Onanie zurückzuführen sind. Möglicherweise sind sie die Folgen längst verdrängter, nur mehr in der Analyse aufdeckbarer Schuldgefühle aus der Übertretung des Onanieverbotes. Sie können aber auch aus akuten, mit der Onanie zusammenhängenden Konflikten entstanden sein. Diese sind dann in der Erziehungsberatung feststellbar, wie z. B. die beiden folgenden Fälle zeigen:

Eine Mutter bringt ihren zehnjährigen Jungen in die Erziehungsberatung, weil er im letzten Halbjahre vom besten Schüler der Klasse zum nahezu schlechtesten in den Lernerfolgen wurde. Sie stellt sich schützend vor das Kind und macht den Lehrer verantwortlich, der angeblich ihren Jungen schlecht behandelt, seit sie ihm »ihre Meinung« gesagt hat. Daß das Kind sich aber auch sonst auffällig benimmt, verspielt und verträumt ist und sich schwer in eine Gemeinschaft einordnet, merkt sie in ihrer Zärtlichkeit nicht. Ganz besonders besorgt ist sie um die sexuelle Entwicklung ihres Sohnes, seit sie einen schwachsinnigen Jugendlichen onanieren gesehen hat und überzeugt ist, daß er davon schwachsinnig geworden ist.

Ihrem Jungen verbietet sie die Onanie aufs schärfste mit dem Hinweis, daß er sonst auch so werde wie dieser Jugendliche. Jedes andere Gespräch sexuellen Inhaltes wird vor dem Kinde ängstlich vermieden und jede seiner Fragen über sexuelle Angelegenheiten wird brüsk abgelehnt. Obwohl ihr die Erregung des Knaben, wenn sie mit ihm körperlich zärtlich ist und ihn badet, also »sexuelle« Erregung ganz deutlich ist, setzt sie beides fort und denkt nicht daran, wie sehr sie durch ihr Tun das sexuell frühzeitig geweckte Kind schädigt.

Vom Kinde erfahren wir, daß es in der Klasse einige »schlechte« Kinder gibt, die immer gemeinsam im Klosett sind und dort mit ihrem »Ribi« herumspielen. Er wurde auch mitgenommen, hat zugesehen, aber habe, aufgefordert mitzuspielen, abgelehnt. Er ist sehr froh, daß er es nicht mache, denn sonst werde er so wie der Junge im Hause. Trotzdem müsse er viel daran denken und könne in der Schule nur schlecht achtgeben.

Wir können uns leicht denken, daß das Interesse des Kindes in und außerhalb der Schule durch seine Triebansprüche anders in Anspruch genommen wird, als es für das Lernen erwünscht wäre. Das Versagen des Kindes in der Schule ist aber auch noch mit seinen Schuldgefühlen in Zusammenhang zu bringen. Dieses Kind muß, ehe es einer psychoanalytischen Behandlung mit Aussicht auf Erfolg zugeführt werden kann, aus dem häuslichen Milieu entfernt werden, da jedes Bemühen, die Mutter zu einer anderen Auffassung über die kindliche Onanie zu bringen, vergeblich sein wird und es auch unmöglich erscheint, sie dahin zu bringen, die das Kind so schädigende Verzärtelung aufzugeben.

Ein siebzehnjähriger Junge, der bisher in der Schule sehr gute Leistungen gezeigt hat, bleibt plötzlich im Lernen so zurück, daß seine Lehrer den Vater rufen, um ihm das Unerklärliche dieser Erscheinung mitzuteilen.

Die Erziehungsberatung wird um Hilfe gebeten, und wir raten dem Vater zunächst, den Sohn psychiatrisch untersuchen zu lassen, weil wir sicher gehen wollen, daß nicht eine beginnende Geisteskrankheit diesen Zustand bedinge. Erst als uns der Vater den negativen Befund bringt, beschäftigen wir uns näher mit dieser Angelegenheit.

Die Angaben, die der Vater macht, geben uns nicht die Möglichkeit, jene Richtung zu finden, in der wir die Ursachen für das Versagen des Minderjährigen in der Schule hätten suchen können. Deswegen stellen wir Fragen und kommen schließlich auch auf das Sexualleben des jungen Menschen zu sprechen. Der Vater teilt mit, daß er vor einiger Zeit seinen Sohn am frühen Morgen beim Onanieren überrascht habe. Der Junge liegt im Bett, er reißt ihm die Decke weg und überführt ihn in beschämender Weise dieser »strafbaren« Tat. Ganz außer sich über diese Verworfenheit schildert er ihm die schrecklichen Folgen, wenn er die Onanie nicht lasse, obenan, daß er verblöden und geisteskrank werden müsse. Um seinen Worten mehr Nachdruck zu verleihen und damit der Junge nicht meine, nur er habe solche Ansichten, gab er ihm ein Buch zu lesen, in dem auch die durch Onanie verursachten Krankheiten geschildert werden.

Da der Beginn der schlechten Lernerfolge ungefähr mit dem

Zeitpunkt der Onanie-Entdeckung zusammenfällt, vermuten wir einen Zusammenhang zwischen beiden und wollen den Versuch, ihn aufzudecken, wagen. Dem Vater erklären wir, daß wir versuchen werden, seinem Sohn zu helfen, dabei aber ihm wahrscheinlich die Onanie werden erlauben müssen, und mit der Arbeit nur beginnen, wenn er (der Vater) damit einverstanden sei.

Diese Bedingung entsetzt den Vater übermäßig, und empört verläßt er uns mit der Bemerkung, daß er unter dieser Bedingung seinen Sohn niemals werde behandeln lassen. Seine Entrüstung geht so weit, daß er uns noch zuruft, er finde unser Ansinnen unerhört, eine Institution, die die Onanie unterstütze, sei zum Verderben der Jugend und müsse behördlich verboten werden.

Nach einiger Zeit kommt der Vater wieder — der Junge war in der Schule noch weiter zurückgegangen — und ersucht, den Jungen, ohne ihm die Onanie zu gestatten, doch zu behandeln. Er ist von der Richtigkeit seiner Auffassung so überzeugt, daß er sich ernstlich bemüht, uns über die unausbleiblichen Folgen der Onanie aufzuklären. Er hat auch das seinerzeit dem Sohne übergebene Buch mitgebracht. Wir hören seinen Ausführungen zu, lassen uns eines Besseren nicht belehren, versuchen aber auch nicht, ihn zu einer anderen Meinung zu bringen — es wäre aussichtslos —, halten aber an unserer Bedingung fest.

Nach einigen Wochen war die Situation des Jungen in der Schule so bedrohlich geworden, daß kaum noch die Aussicht des »Durchkommens« bestand. Da der Vater sehr ehrgeizig war und ein Mißerfolg seines Sohnes in der Schule ihn noch mehr beschämt hätte als die Tatsache, daß er onaniert, kommt er zum drittenmal in die Erziehungsberatung. Er hat sich nun doch entschlossen, uns sein Kind »auszuliefern«.

So unbedingt wir uns vom Vater volle Freiheit in der Behandlung seines Sohnes zusichern lassen, so vorsichtig sind wir mit dem Erlauben der Onanie dem Minderjährigen gegenüber. Es darf nicht übersehen werden, daß wir mit der Onanie-Erlaubnis nicht nur gegen das Verbot des Vaters und gegen das Buch ankämpfen, sondern daß wir damit auch den viel schwierigeren Kampf mit dem Über-Ich des Jungen aufnehmen.

Schon nach vier Wochen besserten sich durch unser Eingreifen die Schulleistungen wesentlich, und in drei Monaten war er ohne tiefgehende Analyse wieder der fleißige, erfolgreiche Schüler. Das konsequente Festhalten an unserer Forderung dem Vater gegenüber hat uns zum Erfolg geführt. Wir lehnen immer anfängliche Kompromisse, die im Laufe der Behandlung aufgegeben werden müssen, ab.

Sexuelle Spielereien zwischen Geschwistern — wenn sie zu lange fortgesetzt werden oder bei Halbwüchsigen vorkommen — müssen meistens unterbrochen werden; am sichersten ist dies durch eine Trennung der Kinder zu erreichen. Ob dann noch eine psychoanalytische Behandlung anzuordnen ist, muß für jeden einzelnen Fall besonders festgestellt werden.

Ein Fall, bei dem es zu einer Trennung der Kinder kommen mußte: Ein elfjähriger Junge und ein zehnjähriges Mädchen werden, weil sie von daheim durchgingen, in die Erziehungsberatung gebracht. Ausgerüstet mit einem Köfferchen Wäsche gingen sie weg, um am Zentralfriedhof zu sterben, weil ihnen die Mutter mit Prügel gedroht hatte. Sie gingen nicht auf den Zentralfriedhof, sondern nächtigten unter einem Baum im Rathauspark. Der Junge war uns schon von früher her bekannt. Er hatte zwischen Monaten ruhigeren unauffälligen Bravseins Wochen von Entgleisungen: lernte schlecht, bettelte in Geschäften, durchsuchte heimlich die Taschen seiner Mitschüler in deren Mäntel, ohne Geld zu nehmen. Mehrfache Aussprachen brachten ihn immer wieder in geregelte Bahnen. Das Mädchen hingegen war bis vor einigen Wochen völlig unauffällig gewesen. Dann nahm sie der Mutter zehn Schilling, brachte sie an einem Nachmittag durch, leistete in der Schule fast nichts mehr und war beim Durchgehen so wie in letzter Zeit auch bei kleineren Vergehen immer die Anführerin. Bemerkt wurde von der Mutter, einer primitiven, aber sehr besorgten Frau, daß die Kinder, die sich früher schlecht vertrugen, jetzt unbedingt zusammenhielten. Wurden sie erwischt, dann redeten sie sich wohl aufeinander aus, der Junge sehr ungeschickt, doch nahmen sie sich das gegenseitig nicht übel. Während der Aussprache mit der Mutter wurde im Wartezimmer beobachtet, daß das Mädchen sich ganz frei und ungezwungen benahm, der Knabe schüchtern auf einem Stuhl saß. Wiederholt kniete sie sich auf seine Beine und zwang ihn, den Kopf hintenüber zu legen. Dabei wurde der Junge hochrot im Gesicht, duldete es aber hilflos. Auch als sie ihn derb am Ohr zupfte, wehrte er sich nicht.

Bei der Vorstellung und alleinigen Aussprache ist er sehr irritiert und wirft ängstliche Blicke zur Eingangstür. Von selbst spricht er nicht, auf Fragen antwortet er sehr befangen, mädchenhaft, schüchtern. Freunde hat er nicht. Die Schwester ist sein einziger Spielkamerad. Er hat sie lieb und auch nicht. Sie ist stärker, jähzorniger, bei Raufereien schlägt sie schon zu, ehe er noch daran denkt. Die Raufereien sind oft nur lustige, wilde Balgereien. Auf die Frage, warum sie dies oder jenes getan hätten, antwortet er immer das Gleiche: »Weil's die Franzi woll'n hat«.

Das Mädchen spricht viel und unbekümmert um die gegen sie vorliegenden Anklagen, benimmt sich sehr selbstbewußt und sicher. Sie fühlt sich über dem Bruder, stärker, gescheiter. Sie vergleicht sich in einer Reihe von Leistungen mit ihm, immer schneidet er schlecht ab. Sie klagt ihn auch ungefragt, spöttisch lächelnd, an. Sie hat auch den Anstoß zum Durchgehen gegeben und den Vorschlag, auf den Zentralfriedhof zu gehen, gemacht. Dort zu sterben, hat nur der Bruder ernst genommen, sie nicht. Sie wollte nur das Krematorium sehen, weil eine Woche früher eine Nachbarin dem Sarge ihres Mannes nachspringen wollte, als dieser zur Verbrennung versenkt worden war.

Auftreten, Benehmen und Sprechen der beiden Kinder erwecken unbedingt den Eindruck ganz besonderer Beziehungen zueinander. Der Knabe ist in einem hörigen Abhängigkeitsverhältnis zu seiner Schwester, worauf auch die Dissozialität der beiden größtenteils zurückzuführen sein dürfte.

Wir sprechen nochmals mit der Mutter, die uns noch mitteilt, daß sie selbst jeden Einfluß auf die Kinder verloren habe und daß die Schwester den Bruder vollständig beherrsche. Die Frage, ob sie gemeinsame sexuelle Spielereien der Kinder bemerkt habe, beantwortet sie damit, daß der Bub in ihrer Gegenwart einigemale verlangte, die Schwester soll es ihn anschauen lassen.

Es bedarf wohl keines besonderen Nachweises mehr, um die Notwendigkeit der Trennung dieser beiden Kinder zu erkennen.

Wie sehr Eltern darum zu tun ist, ihren eigenen Anteil am Sexualleben des Kindes nicht zu sehen, dazu folgendes:
In einem Kindergarten wird ein Fünfjähriger durch seine sexuellen Angriffe Mädchen gegenüber so auffällig und störend, daß Eltern anderer Kinder seine Entfernung aus dem Kindergarten verlangen.

Auf Rat der Kindergartenleiterin spricht die Mutter, eine junge, gut gekleidete Frau, Ende der Zwanzig, ihrem Benehmen und der Ausdrucksweise nach dem guten Mittelstand angehörig, mit dem Kind vor. Sie führt die Schwierigkeiten mit dem Kind zunächst auf seine Wildheit zurück. Seine Wildheit erklärt sie sich damit, daß sie, weil sie ihrem Beruf nachgehen müsse, sich zu wenig um ihn und seine neunjährige Schwester kümmern könne. Erst auf näheres Befragen erzählt die Mutter von ihrer seit zwei Jahren geschiedenen Ehe und schildert den Mann als den typischen Hochstapler mit starken homosexuellen Tendenzen. Zögernd enthüllt sie die Unstimmigkeiten zwischen ihr und dem Mann in Erziehungsfragen; der Mann machte auch ihre Verbote vor dem Kind lächerlich und bewilligte alles, was sie verbot. Dann fällt ihr auch ein, daß es dem Vater großes Vergnügen gemacht hatte, das Kind sexuell zu reizen. Bei dem einundeinhalbjährigen Kind versuchte er durch genitale Berührungen Erektionen herbeizuführen. Während des Gespräches meint die Mutter, daß ihr nun alles klar geworden sei. Die Schlimmheitsäußerungen des Kindes und seine starke sexuelle Erregbarkeit gehen auf das unverantwortliche Verhalten des Vaters zurück.

Bei Fortführung des Gespräches über die Beziehungen zwischen dem Kind und ihr ergibt sich folgendes:

Seitdem der Vater die Wohnung verließ, läßt sie den Kleinen im Bett des Vaters neben sich schlafen. Sie hat dies auch bisher nicht geändert, obwohl der Bub häufig zu ihr ins Bett kommt und sich an sie drückt, wobei sie seine deutlichen Erektionen spürt. Sie erzählt auch, daß der Bub in ungeheure Erregung komme, wenn er sie oder seine Schwester beim An- oder Auskleiden beobachte. An der Art, wie sie diese Tatsachen mitteilt, ist deutlich zu merken, daß ihr diese bisher in keiner Weise auffällig erschienen, und daß sie weit davon entfernt war, zwischen diesem Verhalten daheim und dem Benehmen im Kindergarten einen Zusammenhang zu sehen.

Es ist ihr noch möglich, das Benehmen des Vaters als Ursache zu erkennen, aber es fällt ihr nicht ein, ihr eigenes Verhalten dem sexuell frühreifen Jungen gegenüber kritisch zu betrachten.

Wir dringen nicht auf eine sofortige Entfernung des Kindes von der Mutter, sondern warten die Wirkungen der in der Erziehungsberatung gewonnenen Einsichten ab. Es ist nicht ausgeschlossen, daß die Mutter, nun ihre eigenen Fehler erkennend, den Knaben richtiger behandeln wird.

Zu sexuellen Angriffen auf Kinder und Jugendliche durch Personen, zu denen sie in einem Vertrauens- oder Abhängigkeitsverhältnis stehen:

Eine Mutter erzählt sehr gehemmt und ängstlich, daß ihre Tochter in einem Internat untergebracht und dort von einer Lehrerin verführt worden sei. Als Beweis dafür bringt sie angebliche Tatsachen, die geeignet wären, den Verdacht einer manifest-homosexuellen Beziehung zu rechtfertigen. Die Mutter ist sehr verzweifelt und ratlos, erwartet von uns ein sehr energisches Vorgehen gegen die Lehrerin, stellt aber dabei die Forderung, weder Lehrerin noch Tochter dürfen je erfahren, daß sie die Anzeige gemacht habe. Vorsichtig geführte Rücksprachen mit dem Mädchen ergaben schließlich, daß es zu keinerlei Beziehung der Lehrerin mit ihm gekommen war, sondern daß lediglich Wunschphantasien die Mutter irregeführt hatten.

Solche und ähnliche Angaben werden dem Erziehungsberater weit häufiger gemacht, als angenommen wird. Obwohl ihnen fast immer die reale Grundlage fehlt, ist in der Erziehungsberatung doch nicht sofort festzustellen, ob von wirklich Erlebtem berichtet oder nur eine Wunschphantasie erzählt wird.

Der Erziehungsberater wird notwendige Erhebungen mit größter Vorsicht durchführen und seine Entscheidung erst treffen, bis er auch aus der Beobachtung der Minderjährigen ein sicheres Urteil fällen kann.

Ganz ähnlich wird er sich verhalten, wenn es sich um angebliche Vergewaltigung durch Lehrer, Erzieher, Meister, Stiefvater oder Vater handelt.

Liegt tatsächlich eine Wunschphantasie vor, so wird die Anordnung einer psychoanalytischen Behandlung die Angelegenheit für den Erziehungsberater erledigen.

In den sehr seltenen Fällen, in denen wirklich manifest-homosexuelle Beziehungen einer Lehrperson mit ihren Schülern der Erziehungsberatung zur Kenntnis gebracht werden, hat der Erziehungsberater mehrfache Aufgaben zu erfüllen: Er muß sich nicht nur um die Verführten bemühen, sondern auch die weitere Gefährdung anderer Kinder durch den Verführer verhindern, dabei aber auch berücksichtigen, daß in diesem Augenblick eine menschliche Existenz von seinen Maßnahmen abhängig sein kann.

Was mit dem Verführten zu geschehen hat, wird durch den Grad der Schädigung bedingt. Ihn festzustellen, gelingt in der Erziehungsberatung selbst nicht. Auch hier wird eine Beobachtung notwendig. Sie durchzuführen, ist Aufgabe des psychologisch geschulten Analytikers, der in der Erziehungsberatung mitarbeitet. Das Kind muß nicht unbedingt sofort in eine andere Umgebung versetzt werden. Was an seinem äußeren Leben zu ändern ist, wird sich im Verlauf der Beobachtung ergeben.

Die Gefährdung der anderen Kinder in der Schule würde sich sicherlich durch eine Strafanzeige erledigen, weil der Lehrer infolge der Verurteilung entlassen wird. Und doch fragt es sich, ob die Erstattung der Strafanzeige ein zweckmäßiges Vorgehen ist.

Es ist eine irrige Annahme, daß der homosexuelle Lehrer durch den Strafvollzug dazu gebracht werden könnte, auf seine bisherigen Objekte zu verzichten.

Der von der Gesellschaft angestrebte Zweck, den Rechtsbrecher zu bessern oder abzuschrecken, wird also hiermit nicht erreicht.[2]

Eine psychoanalytische Behandlung kann Heilung bringen,

---

[2] Dieselbe Ansicht vertritt *Lindsay* in seinem Buch »Die Kameradschaftsehe«, 13. Kapitel: Der Fall Fisk, S. 354.

Kinder als Sexualobjekt ausschalten, oder zur Einsicht führen, daß ein Berufswechsel erfolgen muß. Aber auf jeden Fall wird dadurch eine niemandem nützliche, jedoch für den Lehrer katastrophale Lösung der Angelegenheit vermieden.

Wir werden daher, da es sich in der Regel um Menschen handelt, die in anderer Beziehung hochwertig sind, versuchen, an sie heranzukommen, um in ihnen die Überzeugung für die Notwendigkeit einer psychoanalytischen Behandlung hervorzurufen.

Ein Vater teilte uns mit, daß sein Sohn zu Hause das Benehmen eines seiner Lehrer kritisiere. Ohne es zu wissen, habe das Kind damit homosexuelle Angriffe dieses Lehrers auf ihn und andere Mitschüler enthüllt. Der Vater wollte wissen, was er, um die Kinder zu schützen, zu tun habe.

Wir brachten ihn dazu, selbst nichts zu unternehmen, sondern die Austragung der Angelegenheit uns zu überlassen.

Es gelang, den Lehrer zu Aussprachen unter vier Augen zu bringen. In diesen ließen wir durchblicken, daß wir von seinen homosexuellen Angriffen wissen, aber auch ihm helfen wollen. Die Unterredungen, die uns vollen Einblick in den schweren Kampf dieses Mannes mit den Ansprüchen seines Trieblebens und der beschworenen Pflicht als Lehrer gewährte, führten zu einer psychoanalytischen Behandlung. — Die Behandlung liegt jahrelang zurück, sie hatte vollen Erfolg gebracht.

Zu welchen Konsequenzen eine strafgerichtliche Anzeige hier geführt hätte, zeigt der Ausspruch des Lehrers am Schluß der Unterredungen: »Ich wußte von jeher, ohne mir helfen zu können, daß einmal die Bombe auffliegen wird. Aber was hätte mir geschehen können? Ich hätte mich erschossen!«

Ein anderes Beispiel für die Folgen einer Strafanzeige — durch die Unvorsichtigkeit des Erziehungsberaters veranlaßt:

Aus den Darstellungen eines sechzehnjährigen Jugendlichen geht eindeutig hervor, daß er in einer öffentlichen Badeanstalt in eine Bande Homosexueller geraten, der Verführung unterlegen sei, in ihr als passives Objekt festgehalten werde und sich trotz eifriger Bemühung nicht aus ihr befreien könne. Er selbst war allem Anschein nach nicht manifest-homosexuell, sondern wurde durch Erpressung und Geldbestechungen dort festgehalten. Da aus äußeren Umständen seine Versetzung in ein anderes Milieu unmöglich war, erschien es dem Erziehungsberater wichtig, die Bande unschädlich zu machen. Er riet daher der Mutter und dem Jugendlichen, sich an die zuständige Behörde um Schutz zu wenden. Unter Führung des Jugendlichen erschienen Beamte in der Badeanstalt. Anscheinend hatten die Beteiligten Lunte gerochen und keiner von ihnen wurde angetroffen. Der Jugendliche hatte nun die

Tatsache der Verführung und die Annahme von Geld eingestanden.

Da nun einmal eine Anzeige erfolgt war und ein Beteiligter den Behörden — wenn sie auch zu seinem Schutz angerufen worden waren — bekannt war, so wurde dieser eine unter Anklage gestellt und befand sich in einer schwierigen Situation, da die Verführer, deren Vorführung ihn vor Gericht entlastet hätte, nicht anwesend waren.

Wir stehen heute auf dem Standpunkt, weder der Schule noch irgend einer öffentlichen Institution Mitteilung über sexuelle Vorgänge bei Jugendlichen zu machen, da nicht immer vorauszusehen ist, ob die Verfolgung nicht gerade ihn, den wir schützen wollen, trifft, wodurch der Versuch einer zweckmäßigen Behandlung zunichte gemacht wird.

Zum Schluß wollen wir noch von zwei Begebenheiten berichten, die, obwohl sie dem Anschein nach über den Rahmen der Erziehungsberatung hinausgehen, doch in Behandlung genommen werden mußten. Sie zeigen, wie schwierig, ja fast unmöglich eine scharfe Abgrenzung des dem Erziehungsberater zufallenden Arbeitsgebietes ist. Daraus erhellt auch, wie wichtig es ist, sich von gegebenen Situationen nicht überwältigen zu lassen.

Die Frau eines Angestellten erstattet in der Erziehungsberatung die Anzeige, daß ihr Mann mit seiner eigenen siebzehnjährigen Tochter aus erster Ehe sexuelle Beziehungen habe.

Wir können nicht sofort feststellen, ob die Angaben der Frau richtig, unrichtig oder maßlos übertrieben sind, und fordern sie daher auf, uns nähere Mitteilung zu machen. Aus ihren Darstellungen ist mit größter Wahrscheinlichkeit zu entnehmen, daß zwischen Vater und Tochter tatsächlich intimste Beziehungen bestehen.

An uns tritt die Notwendigkeit heran, zu überlegen, ob wir die Anzeige weiterleiten oder die Angelegenheit im eigenen Wirkungskreis zur Erledigung übernehmen sollen.

Leiten wir die Anzeige weiter und kommt es zu einer Verurteilung des Mannes, so verliert er seine Anstellung, den Anspruch auf eine Pension und hat kaum Aussicht, bald wieder wo unterzukommen. An Stelle einer geordneten wirtschaftlichen Situation tritt materielle Notlage.

Im Verlauf des Gerichtsverfahrens erfährt der Mann auch, von wem die Anzeige ausgegangen ist, und die Ehe wird unhaltbar.

Das Mädchen ist in der Öffentlichkeit bloßgestellt und kann, weil in der Gegend verfemt, sich kaum auf der Straße zeigen, ohne unangenehmster Kritik ausgesetzt zu sein.

Wird die Strafanzeige erstattet und Mutter und Tochter verweigern die Aussage, so wird wohl die Verurteilung des Vaters vielleicht nicht erfolgen, aber alle sonstigen angeführten Folgen werden doch herbeigeführt.

An Positivem ist durch ein solches Vorgehen nur zu erreichen, daß Vater und Tochter getrennt werden, womit die Beziehungen gewaltsam unterbrochen werden und daß das Mädchen vielleicht einer Behandlung zugeführt werden kann.

Dasselbe positive Ergebnis, aber ohne die angedeuteten schädigenden Wirkungen ist auch zu erreichen, wenn wir uns selbst der Angelegenheit annehmen.

Wir lassen die Frau weitersprechen. Vorsichtig gestellte Fragen führen sie bald zu Mitteilungen über ihre eigenen sexuellen Beziehungen mit dem Mann. Wir lenken das Gespräch absichtlich in diese Richtung, weil wir erkunden wollen, inwieweit unbefriedigtes Sexualleben und Neurose den Mann zu den strafbaren Beziehungen mit der Tochter führten.

Die sexuellen Beziehungen zwischen Mann und Frau leben sich ausschließlich im coitus interruptus aus, der die Frau, nach ihrer eigenen Angabe, völlig befriedigt, was sie auch vom Mann als ganz selbstverständlich annimmt. Als wir das letztere bezweifeln, versucht sie, uns Tatsachen anzuführen, findet aber keine. Im Suchen nach solchen wird sie immer unruhiger, weil ihr verschiedenes bewußt wird, das das Gegenteil beweist. Sie kommt in größte Aufregung, als ihr einfällt, daß der Mann sie wiederholt gebeten, sich eine »Kapsel« machen zu lassen, und daß sie das immer mit den Worten »ich dulde keinen Fremdkörper in meinem Leib« abgelehnt hat. In diesem Zeitpunkt der Unterredung zeigen wir der Frau, daß sie, ohne sich um die Bedürfnisse des Mannes zu kümmern, sehr selbstsüchtig lebe, ihn dadurch in Situationen, aus denen er sich nicht erretten könne, treibe und er eigentlich durch sie zu der strafbaren Handlung komme. Wir schildern ihr auch die eingangs erwähnten Folgen einer Strafanzeige. Sie erkennt nahezu plötzlich ihre Mitschuld, bittet uns, die Anzeige nicht zur Kenntnis zu nehmen und fragt, ob sie ihren Mann werde zurückgewinnen können. Wir antworten ihr, daß wir das nicht wissen, daß es aber durch richtiges Verhalten möglich wäre. Auf ihr Ersuchen um Rat weisen wir sie an eine Frauenärztin.

Nach sechs Wochen erscheint die Frau glückstrahlend wieder in der Erziehungsberatung. Die Ehe ist wieder hergestellt. Mann und Frau leben im besten Einvernehmen.

So wurde aus der Erziehungsberatung eine Eheberatung.

Und das Mädchen! Es ist naheliegend, ein Mädchen, das derartiges erlebt hat, in ein anderes Milieu zu bringen und eine psychoanalytische Behandlung zu veranlassen. Milieuänderung und psychoanalytische Behandlung sind, wenn wir nicht eine Entscheidung des Jugendgerichtes provozieren, ohne Einwilligung des Vaters nicht zu erreichen. Diese Entscheidung kommt nicht in Frage, da wir ja keine Strafanzeige erstatten.

Den Vater in die Erziehungsberatung zu rufen, um von ihm die Einwilligung zu erhalten, ist zwecklos, weil wir ihm den wahren Sachverhalt seiner Frau wegen nicht mitteilen dürfen.

Obwohl wir uns der schärfsten Kritik als Erziehungsberater aussetzen, warten wir in diesem Fall trotzdem ab. Das Verhalten der Stiefmutter in der Erziehungsberatung läßt uns mit größter Wahrscheinlichkeit vermuten, daß die ehelichen Beziehungen von Mann und Frau in kürzester Zeit wieder geregelt sein werden und daß der Vater dann aus eigenem Interesse das Mädchen aus dem Hause geben werde.

Trifft diese Vermutung nicht zu, dann steht uns noch immer der Weg über das Jugendgericht offen.

Wir wollen richtig verstanden sein! Wir schonen andere Interessen nur so lange, als es unsere Pflicht dem Kinde gegenüber erlaubt.

Unsere Vermutung traf zu. Als die Mutter das zweite Mal in die Erziehungsberatung kam (sechs Wochen nach dem ersten Besuch), teilte sie uns auch mit, daß es zu Hause zwischen Vater und Tochter zu den ärgsten Auftritten gekommen sei und der Vater das Mädchen seit drei Wochen bei Verwandten untergebracht habe.

Nun berufen wir den Vater in die Erziehungsberatung und besprechen mit ihm die Notwendigkeit einer psychoanalytischen Behandlung des Mädchens, mit der er ohne besonderes Zögern einverstanden war.

Eine Dame der Gesellschaft aus dem Ausland nimmt unsere Hilfe für ihre achtzehnjährige Tochter, die, wie sie sagt, an einer schweren Depression erkrankt sei, in Anspruch. Sie schildert den Zustand des Mädchens so, daß an eine wirklich schwere Erkrankung gedacht werden muß. In der Regel übernimmt die Erziehungsberatung die Behandlung von Depressionen nicht, wir wollen uns aber, bevor wir der Mutter raten, einen Psychoanalytiker aufzusuchen, doch noch näher informieren und nehmen daher ihre Tochter vor.

Schweigend kommt sie bei der Tür herein, schweigend setzt sie sich dem Erziehungsberater gegenüber, und es vergehen Minuten, ohne daß das Schweigen von einem der beiden unterbrochen worden wäre.

Dann beginnt der Erziehungsberater zu sprechen:

»Es wird recht langweilig werden, wenn wir ohne zu reden, einander gegenübersitzen. Ich kann mir gut denken, daß Sie einem fremden Menschen nicht gleich etwas zu erzählen wissen.«

Das Mädchen bleibt schweigsam, scheinbar ganz unbeteiligt.

»Ich mache Ihnen einen Vorschlag«, sagt der Erziehungsberater, »lassen Sie sich etwas einfallen, das einige Zeit zurückliegt. Sie brauchen mir den Einfall nicht einmal zu sagen. Das ist gewiß ungefährlich. Wollen Sie?«

»Ja.«

»Haben Sie einen Einfall?«

»Ja.«

»Lassen Sie sich jetzt etwas einfallen, das ungefähr zwei Jahre zurückliegt. Haben Sie einen Einfall?«

»Ja.«

»Sie brauchen mir ihn wieder nicht zu sagen. Aber zwischen diesen beiden Einfällen müssen Beziehungen bestehen. Sie konnten sich nicht einfallen lassen, was Sie wollten. Finden Sie solche Beziehungen?«

»Nein.«

»Doch.«

»Aber nein, sage ich.«

»Ich möchte gern wissen, wer recht hat, Sie oder ich. Wollen Sie vielleicht doch mir Ihre Einfälle sagen?« (Dem Erziehungsberater ist es darum zu tun, das Mädchen zum Sprechen zu bringen.)

»Ja.«

»Welches sind Ihre beiden Einfälle?«

»Vor sechs Wochen hat die Prokuristin meines Onkels mir erzählt, daß ihre Tochter ein sehr geschlechtskühles Mädchen sei. — Und vor zwei Jahren wollte mich ein junger Mann küssen, und ich habe abgewehrt.«

»Zwischen diesen beiden Einfällen besteht ja doch ein Zusammenhang.«

»Welcher?«

»Die geschlechtskühle Tochter der Prokuristin und Sie, das Mädchen, das sich nicht küssen läßt.«

»Mir ist ja die Prokuristin nicht wegen ihrer Tochter eingefallen, sondern weil ich mit ihr verrechnen muß.«

»Sind Sie bei Ihrem Onkel angestellt?«

»Nein. Ich trage nur Zahlkarten zur Post und nachher verrechne ich mit der Prokuristin.«

»Werden Sie dafür bezahlt?«

»Nein.«

»Bekommen Sie vom Onkel Taschengeld?«

»Nein.«

»Bekommen Sie von der Mutter Taschengeld?«

»Nein, ich habe überhaupt kein Geld. Ich habe Schulden.«

»Wem sind Sie Geld schuldig?«

»Meiner Freundin.«

»Wieviel sind Sie ihr schuldig?«

»Dreihundert Schilling.«

»Wofür hat sie Ihnen das Geld geborgt?«

»Für eine Arztrechnung.«

»Warum haben Sie den Kindesvater nicht herangezogen, die Kosten der Entbindung zu bezahlen?«

Über diese Frage ist das Mädchen entsetzt und fragt ganz verwirrt:

»Woher wissen Sie das?«

»Sie haben es mir doch gerade selbst gesagt.«

»Ich habe doch kein Wort davon gesprochen.«

»Doch: Ein Mädchen aus Ihrer Gesellschaftsschicht, das von der Freundin dreihundert Schilling für eine Arztrechnung borgt, kann von dem Besuch beim Arzt zu Hause nichts erzählen. Sie waren gezwungen, einen Gynäkologen aufzusuchen.«

Unter heftigem Schluchzen erfolgt nun ein volles Geständnis. Dabei stellt sich heraus, daß Schwangerschaft und Geburt ohne besonderes Aufheben ziemlich ruhig erledigt worden waren. Jetzt aber, einige Monate später, drängt nun die Freundin auf baldigste Rückzahlung der Schuld. Das Mädchen weiß das Geld nicht aufzutreiben und überlegt, die dreihundert Schilling von den Beträgen zu nehmen, die sie auf dem Postamt einzuzahlen hat, und einen Verlust zu fingieren. Dem Onkel gegenüber wäre die Lüge möglich, doch der Prokuristin gegenüber wäre sie nicht aufrecht zu erhalten.

Die Notwendigkeit, die Schuld zurückzuzahlen, die Unmöglichkeit, sich das Geld auf redliche Art verschaffen zu können, die Überlegung, das Geld zu entwenden oder es nicht zu tun, das Hin und Her im Für und Wider brachten das Mädchen in einen Gemütszustand, den die Mutter fälschlicherweise als Depression deutet, da sie den wirklichen Sachverhalt nicht kannte.

Wir brachten die Angelegenheit zu einem guten Abschluß. Nicht die Ausheilung der »Depression« gibt uns Anlaß, den Fall mitzuteilen. Wir wollen damit auch kein allgemeines »Rezept« angeben, größte Verschlossenheit Minderjähriger zu überwinden. Wir wollen uns nicht bemühen, schon jetzt eine Norm aufzustellen, wie man in der Erziehungsberatung Minderjährige zum Sprechen bringt. Erfassen wir jeden einzelnen Fall nach seiner Besonderheit, dann wird sich mit der Zeit eine Technik herausbilden, mit der es gelingen muß, auch schwierigste Widerstände zu überwinden.

II. Die Übertragung in der Erziehungsberatung[1]

A) Erziehungsberater und Eltern

Der Erziehungsberater hat bei seiner Arbeit keinerlei wirkliche äußere Machtmittel zu seiner Verfügung. Er ist im Zusammensein mit den Eltern lediglich auf die Ausnützung von Beziehungen, die er selbst herstellen muß, angewiesen. Seine Berufssituation unterscheidet sich in dieser Beziehung nur wenig von der anderer Personen, deren Berufserfolg oder Mißerfolg ausschließlich davon abhängt, inwieweit sie imstande sind, andere Menschen sich durch ihre eigene Überzeugungskraft gefügig zu machen.

Ein Mann geht in ein Warenhaus, einen Kragenknopf zu kaufen. Er kommt beladen mit Paketen heraus, ist auch glücklicher Besitzer eines Autos geworden, aber einen Kragenknopf hat er nicht bekommen. Dem Verkäufer ist es restlos gelungen, den Kunden so zu beeinflussen, daß er vorbehaltlos kauft, was er will.

Ein mir bekanntes junges Mädchen braucht einen gestrickten grünen Pullover und ist trostlos, weil sie ein vollständig überflüssiges gelbseidenes Abendkleid nach Hause bringt.

Eine Dame der Gesellschaft kommt von ihren Einkäufen regelmäßig mit für sie unbrauchbaren Dingen zurück. Die üble Laune über ihre immer wieder mißlingenden Einkäufe versucht sie mit der Überlegung zu verscheuchen: sie habe den Vorteil einer reichen Geschenkauswahl für den großen Bekanntenkreis.

Verzweifelt und in Tränen aufgelöst findet ein Ehemann seine Frau, als er eines Tages vom Amte heimkehrt. Sie ist allein in der Wohnung. Der Vertreter einer Staubsaugerfirma will sie zur Vorführung eines Staubsaugers überreden. Da im Haushalte ein gut gebrauchsfähiger Apparat vorhanden ist, verweigert sie die Vorführung. Nichtsdestoweniger hat sie, ihr selbst unbegreiflich, schon nach zehn Minuten einen Bestellschein auf einen Staubsauger unterschrieben.

Was bei Verkäufern und Agenten Benehmen und Reden leisten, ersetzt ohne Rücksicht auf den Persönlichkeitswert die ausgeübte Funktion oder die amtliche Stellung, wenn sie autoritäres Übergewicht geben. Dem Schaffner der Straßenbahn gegenüber können wir uns nicht immer behaupten. Bei harm-

[1] Erstveröffentlichung in der Zeitschrift für Psychoanalytische Pädagogik, 10 (1936), H. 1

losen Anlässen in Ämtern und bei Gericht, wenn wir auch nur als Zeugen einvernommen werden, erzwingt ein uns unerklärlicher Druck ein unfreies Verhalten. Erst hinterher wird uns bewußt, wie ungeschickt wir waren, oder wie schlecht wir unsere Angelegenheiten vertreten haben.

Der äußeren Macht gegenüber, vor dem Polizeibeamten oder vor dem Richter, bedarf das unfreie Verhalten keiner besonderen Erklärung. Es bleibt nur rätselhaft, wo diese äußere Macht fehlt.

Verkäufer und Vertreter verfolgen einen bestimmten Zweck: ihre Waren, ohne Rücksicht auf den Bedarf des Kunden, abzusetzen. Der Mann mit dem Kragenknopf, das junge Mädchen und die Frauen müssen daher in einer ersten Phase, ehe das Angebot der Waren erfolgt, gefügig gemacht und, ohne es zu merken oder widerstreben zu können, in einen Zustand gebracht werden, in dem sie dem Willen des anderen ausgeliefert sind. Nicht bei allen Einkäufen ist es zweckmäßig, dieselbe Abhängigkeit herzustellen. Tüchtige Verkäufer verhalten sich daher verschiedenen Kunden gegenüber auch verschieden, aber immer so, daß diese sich irgendwie unterordnen. In unseren Fällen werden Verkäufer und Vertreter die überlegenen Erwachsenen, die Kunden hilflos, wie Kinder.

Diese Art der Abhängigkeit kennen wir. Jeder von uns hat sie schon früher, in seiner eigenen Kindheit wiederholt wirklich erlebt. Die Erwachsenen (Vater, Mutter, Lehrer) wollen etwas, geben den Auftrag, und das Kind gehorcht, ohne jedesmal über die Zweckmäßigkeit des Auftrages nachzudenken. Der Erwachsene muß es ja besser wissen, ist dabei etwa sein Gedankengang. So erkennen wir, daß bei diesen Einkäufen nicht wirklich neue Beziehungen erlebt wurden. Frühere, in der Kindheit entstandene Beziehungen sind wieder lebendig geworden und werden nun als aktuelle empfunden.

Die Frau, die den Bestellzettel für den Staubsauger unterschrieb, begegnet einer Vater-Autorität, deren Aufträgen und Wünschen sie sich auch bei eigenem wirklichem Anderswollen fügen mußte. Der Käufer des Kragenknopfes und das Mädchen mit dem gelbseidenen Abendkleid trafen außerdem noch auf einen Verführer, der, ausgestattet mit der Autorität des Erwachsenen, eigenen unterdrückten Begierden zum Durchbruch verhalf.

Wir können auch versuchen, die an diesen Vorgängen beteiligten psychischen Abläufe festzustellen. Während der Zeit des Einkaufes wird der Verkäufer für das Ich des Kunden zum Objekt; das Es spürt die Möglichkeit einer Libido-Unterbringung. Etwas in der Person des Verkäufers belebt Erinnerungsspuren soweit, daß das Es angeregt wird, Besetzungen, die früh-infantilen Erlebnissen an der Vater-Autorität zugehören, in der aktuellen Situation zu wiederholen. Auf einem bisher noch nicht erklärten, aber sicher dem Wahrnehmungsbewußtsein entzogenen Weg erfolgt eine Verknüpfung solcher Libido mit dem Objekt Verkäufer. *Freud* nennt diesen Vorgang eine falsche Verknüpfung, weil die dem Vater zugehörige Libido nun einer fremden Person zugewendet ist. Da dieser Ablauf dem Ich nicht erkennbar erfolgt, ist dieses getäuscht und nimmt für die Dauer des Einkaufes die fremde Person, den Verkäufer, als Vater-Autorität. Damit ist auch die kritische Instanz ausgeschaltet, das Über-Ich von der Person des Verkäufers übernommen und damit ein Vorgang rückläufig gemacht, durch den seinerzeit das Über-Ich entstand. Diese nun vollständig gewordene kindliche Abhängigkeit bedingt aber auch die Kritiklosigkeit des Kunden. Bietet der Verkäufer nun auch noch Waren an, deren Besitz verdrängten eigenen Begierden entspricht (Auto, gelbseidenes Abendkleid), so wird die Vater-Autorität zum Verführer. Eine Auseinandersetzung des Ichs mit dem Über-Ich entfällt nicht nur vollständig, sondern das Ich erlebt ungestört die mit erlaubter Triebbefriedigung verbundene Lust.

Die Art dieser nun festgestellten Beziehungen ist uns von anderswoher bekannt. Wir erleben sie während der analytischen Kuren als »Übertragung«. In der Übertragung werden infantile Erlebnisse reproduziert, entweder durch Erinnern, wie bei der Analyse, oder durch Wiederholen. Dieses Wiederholen durch Tat und Verhalten wird als *Agieren* bezeichnet.

Was läßt sich nun aus den geschilderten Einkaufssituationen lernen?

Unter dem Druck der Übertragung kann ein Agieren in bestimmter Richtung erzwungen und dieses zur Erreichung eines bestimmten Zwecks vorteilhaft benützt werden.

1. Der Erziehungsberater als libidinöses Objekt

Dieser psychische Sachverhalt, richtig gesehen und im geeigneten Augenblick richtig geschaffen, bietet dem Erziehungsberater nicht zu unterschätzende Vorteile für seine Arbeit in der Erziehungsberatung. Aufgabe der weiteren Ausführungen wird es sein, nähere Auskunft darüber zu geben.

Ehe wir uns aber damit beschäftigen: einige Bemerkungen zur allgemeinen Orientierung über die Erziehungsberatung selbst.

Der Name Erziehungsberatung deckt den Aufgabenkreis nicht, weil in den meisten Fällen Beratung nicht ausreicht, sondern Erziehungshilfen zu geben sind. In der Regel erscheinen die Eltern mit den Kindern in der Erziehungsberatung, wenn die der Erziehung normalerweise zur Verfügung stehenden Erziehungsmittel — Lohn und Strafe — wirkungslos geworden sind, der Erziehungsnotstand des Kindes sich einer Krise nähert oder schon ein konfliktreicher Dauerzustand erreicht ist. Als prophylaktische Einrichtung ist die Erziehungsberatung kaum bekannt.

Zu beschäftigen hat sich die Erziehungsberatung mit Erziehungsnotständen. Sie muß deren Ursachen feststellen, deren Behebung veranlassen oder daran selbst mitwirken. Begründet den Erziehungsnotstand eine Kinder- oder Jugendlichen-Neurose oder -Psychose, so ist die Aufgabe des Erziehungsberaters mit der Zuweisung des Kindes an den Analytiker beendet. Den wesentlichen Teil der zur Genesung des Kindes führenden Arbeit hat er selbst zu übernehmen: bei den reichdifferenzierten Formen der Verwahrlosung, für die es noch keine Symptomatologie gibt; bei den Mischformen von Verwahrlosung und Neurose und bei jenen Zustandsbildern, die für sich nicht genügen, einen symptomatisch streng abgrenzbaren Zustand zu kennzeichnen. Erziehungsnotstände, die auf soziale oder wirtschaftliche Insuffizienz zurückgehen, erfordern vom Erziehungsberater wieder andere Leistung. Darüber hier zu berichten, kommt nicht in Frage.

Unter den Gemeinschaften der Gesellschaft ist die Familie eine ganz besondere Gegebenheit, bedingt durch ihre spezielle libidinöse Struktur. Die libidinösen Beziehungen der Familienmitglieder untereinander, die »innerfamiliäre Libido-Konstellation« ist für das Schicksal der Kinder weit bedeutungsvoller als deren gleichzeitige und spätere außerfamiliäre. Wird in der Erziehungsberatung dieser libidinöse Einbau des Verwahrlosten in seine Familie nicht berücksichtigt und er als defektes Objekt für sich allein gesehen, so kann die restlose Aufdeckung der Verwahrlosungsursachen niemals gelingen. Erst die volle Erfassung der Wirkungen dieser wechselseitigen Beziehungen läßt auf die unterirdischen Wege schließen, die in die Verwahrlosung führen.

So ist beispielsweise in allen Fällen der Verwahrlosung ganz deutlich der Kampf zu sehen, der zwischen Kind und Eltern tobt. Er wird immer als selbstverständliche Begleiterscheinung, daher als nichts Auffälliges genommen, dem kein besonderer Wert zur Aufhellung der Verwahrlosungsursachen beigemessen wird. Und doch bleibt dadurch eine sehr aufschlußreiche Gelegenheit ungenützt.

In diesem Kampfe sind die Eltern lange Zeit die Mächtigeren, soweit es sich um äußere Kampferfolge handelt. Nach und nach stumpfen sich aber die Waffen ab, und im Zeitpunkt des Erscheinens in der Erziehungsberatung sind die Eltern, deutlich wahrnehmbar, schon in die Defensive gedrängt. Sie erwarten nun von uns jene Verstärkung, die zur Überwältigung des Gegners erforderlich geworden ist. Da ihnen aber nur bewußt ist, daß sie dem Kinde helfen wollen, so würden sie eine dahingehende Erklärung nicht nur sehr erstaunt anhören, sondern wahrscheinlich auch als unrichtig energisch abwehren. Und doch kann aus ihrem Verhalten auf den unbewußten Wunsch geschlossen werden, daß das Kind durch unsere Mithilfe wieder gefügig, besiegt werde.

Es gibt Fälle, in denen der Kampf zwischen Mutter und Kind sehr stürmisch verläuft und seine einzelnen Phasen sehr deutlich wahrzunehmen sind. Aus dem Verhalten der Mutter in der Erziehungsberatung ist der Eindruck zu gewinnen, daß sie das Kind libidinös überbelastet, das heißt, es als Libido-Objekt übermäßig für sich selbst in Anspruch nimmt. Wir wissen, daß auf solche Überlastungen das Kind schon recht frühzeitig reagieren muß und daß die Entscheidung, ob die konstituierten Abwehrmechanismen in die Neurose oder in die Verwahrlosung führen, schon in einem Zeitpunkt fällt, in dem die gesteigerte Abwehr von der Umgebung kaum bemerkt werden kann. Tritt die mit fortschreitender Bildung der latenten Form der Verwahrlosung immer stärker werdende Abwehr auch äußerlich sichtbar in Erscheinung, dann beginnt der Kampf mit der Mutter. Sie fühlt, ohne es zu wissen, daß ein Stützpunkt zusammenbricht, den sie mit erhöhter Anspannung halten muß: sie bemüht sich mehr als vorher um das Kind, widmet ihm — zwar erfolglos — ihre ganze Aufmerksamkeit und lebt scheinbar überhaupt nur mehr für dessen Bedürfnisse. Das Kind reagiert darauf mit einer der Mutter unerklärbaren heftigen Ablehnung. Sie weiß nicht, daß ihr Tun richtig empfunden wird: alles Bemühen der Mutter gilt nicht der Person und den Wünschen des Kindes, sondern ist das Bestreben, das bereits sehr schwankend gewordene innerfamiliäre libidinöse Gleichgewicht auf seine Kosten wieder herzustellen.

Die nächste Phase dieses Kampfes ist dadurch charakterisiert, daß das Bemühen der Mutter eine andere Färbung annimmt.

Die Äußerungen der Mutter werden immer eindeutiger zu Bestätigungen ihres unbewußten Bemühens, das Kind für sich in Anspruch zu nehmen: »Du bist undankbar, ich habe nichts als dich, und so vergiltst du meine Liebe!« usw. Die Mutter erwartet, daß das Kind darauf mit Unterwerfung antwortet, erleidet jedoch eine neuerliche Enttäuschung. Das Kind, das bis dahin das Bestreben der Mutter nur richtig empfunden hat, bekommt nun durch diese Äußerungen eine Bestätigung — in anderem Sinn, als die Mutter meint — und kann jetzt auch ganz bewußt gegen die Mutter vorgehen. Damit ist aber jene Kampfphase eingeleitet, in der das Kind nach und nach der Stärkere wird, die Mutter an Boden verliert und, in die Defensive gedrängt, Hilfe suchend zu uns kommt; denn das Kind ist nicht nur unleidlich und aggressiv ihr gegenüber geworden, sondern zeigt auch deutliche Symptome der Verwahrlosung. Die Mutter ersucht uns, das verwahrloste Kind in Ordnung zu bringen. Wir nehmen das Kind in Behandlung, tun, was die Mutter bewußt will und erleben dann oft in ihr einen nicht verständlichen Widerstand gegen die Gesundung des Kindes. Die Behandlung scheitert in solchen Fällen, wenn wir das Kind nicht aus der Familie herausnehmen. Gelingt uns dies, so erfahren wir in relativ kurzer Zeit, daß bei der Mutter nervöse Krankheitserscheinungen zum Ausbruch gekommen sind. Jetzt verstehen wir auch die verschlungenen Wege, auf denen es beim Kind zur Verwahrlosung kommen mußte. *Die Mutter hat, um ihre eigene Neurose symptomlos halten zu können, das Kind libidinös überlastet.* Wir verstehen aber noch mehr: alles, was wir in diesen oder ähnlichen Fällen den Eltern im Interesse des Kindes raten, erhöht nur ihre Not, und selbst wenn sie bewußt wollten, könnten sie aus unbewußtem Widerstand unserem Rate nicht folgen. Der Erziehungsberater wird daher nur sehr selten an die Einsicht der Eltern appellieren können; er wird Mittel und Wege finden müssen, sich mit dem Unbewußten der Eltern in Verbindung zu setzen.

Das ist nicht besonders schwierig, wenn es ihm gelingt, die richtigen Beziehungen zu sich, eine Übertragung, herzustellen. Da aus diesem Abhängigkeitsverhältnis ein Agieren erzwungen werden kann, so braucht er dann nur mehr das Verhalten der Eltern so zu lenken, daß es dem Zweck, den Erziehungsnotstand zu beheben, dienstbar gemacht werden kann, um die Basis für eine gedeihliche Arbeit zu schaffen.

Daraus ergibt sich aber auch, daß der Erziehungsberater rascher und leichter Erfolg erwarten kann, wenn er bei der ersten Begegnung seine volle Aufmerksamkeit zuerst den Eltern und nicht dem Kinde zuwendet. Das mag verblüffen, vielleicht unrichtig erscheinen, da ja doch dem Kinde geholfen werden muß, dem daher in erster Linie unser Interesse zuzuwenden wäre. Und doch wird — wie die Erfahrung immer wieder zeigt — die Behebung des vorliegenden Erziehungsnotstandes leichter erreicht, wenn in einer ersten, vorbereitenden Phase die Eltern als das Wichtigere genommen werden. Die Fälle, in denen unmittelbar, also möglichst rasch Hilfe notwendig ist, und die eine andere Art des Eingreifens erfordern, sind so selten, daß der Erziehungsberater sich nicht aus einem persönlichen Interesse für das Kind aus der angedeuteten Richtung abdrängen lassen darf, sondern ohne Hast und ohne Eile sich der ersten Aufgabe, die Eltern in ein Übertragungsverhältnis zu bringen, widmen muß.

Aus dem Verlauf des Kampfes, der in allen Familien Verwahrloster, wie schon erwähnt, zu einem Dauerzustand geworden ist, können wir auf den Notstand im Libidohaushalt der Eltern und daher auf die Bereitwilligkeit, ihre in Schwebezustand gehaltene Libido unterzubringen, schließen. Die von ihnen geschilderten Schwierigkeiten mit dem Kinde zu Hause und in der Schule, die leidenschaftlich-aggressiv oder melancholisch-resigniert vorgetragenen, durch das Kind verursachten Kränkungen und Leiden geben dem Erziehungsberater reale Anhaltspunkte für sein Verhalten. Da das Kind in seiner gesteigerten Abwehr wirklich zu einem unerträglichen Benehmen gekommen ist, erleichtert ihm das die den Eltern zu zeigende Anteilnahme, wenn er sich nur einen Augenblick mit ihnen identifiziert. So kommt er ihrem unbewußten Bedürfnis nach einem Libido-Objekt entgegen. Es kann nicht deutlich genug darauf aufmerksam gemacht werden, daß das gestörte innerfamiliäre libidinöse Gleichgewicht zuerst in Ordnung gebracht werden muß, und zwar dadurch, daß der Erziehungsberater selbst sich den Eltern als taugliches Libido-Objekt anbietet. Die erste, vorbereitende Phase in jeder Erziehungsberatung ist abgeschlossen, wenn der Erziehungsberater von den Eltern als solches auch wirklich angenommen worden ist.

2. Die Einleitung der libidinösen Beziehungen

Soll die Übertragung gelingen, dann müssen wir vor allem eine ganz besondere Kunst üben: gut zuzuhören. Dies ist wirklich nicht leicht, schwieriger als es scheinen mag, noch schwieriger als gut zu sprechen. Gut zuhören heißt für uns nicht: alles aufnehmen, was gesagt wird; den Impuls unterdrücken, eigenen abschweifenden Gedanken zu folgen; Fragen nicht zu stellen, die zwar zur Sache gehören, aber aus geweckktem eigenem Interesse entstehen und den Redenden von dem abbringen würden, wozu er selbst den Impuls hat. Zum guten Zuhören gehört für den Erziehungsberater: die Rede des anderen mit eigenen Assoziationen so begleiten, daß sie sich auf das Warum des Inhalts der Rede, die gebrachten Zusammenhänge, geäußerten Affekte, gewissen Abweichungen im Verhalten richten. Warum wird gerade dies gesagt? Warum wird es gerade in diesem Zusammenhang gebracht? Warum äußert sich in diesem Moment ein aus dem Mitgeteilten nicht erklärbarer Affekt? Warum stockt gerade jetzt der Redefluß? Warum beschleunigt er sich? Warum erfolgt bei der Schilderung dieses Zusammenhanges eine abwehrende oder zustimmende Geste, die aus dem bisher gezeigten Verhalten ganz herausfällt? Warum? Warum? . . .

So wird er im richtigen Moment das richtige Wort finden

und in den Eltern unbedingt das Gefühl hervorrufen, einen so verständnisvollen Zuhörer gefunden zu haben, wie er ihnen bisher noch nie begegnet ist.

Die Eltern brauchen verschieden lange, bis sie sich verständlich machen können. Wir warten zu, drängen sie nicht, winken nicht ab, oder zeigen ihnen nicht anderswie, daß dieses oder jenes unwichtig sei, nicht zur Sache gehöre oder daß sie sich wiederholen. Wir lassen die Eltern zusammenhängend oder unzusammenhängend schildern, sich verbreiten, auf Einzelheiten eingehen oder nicht, sich aussprechen, wie sie können oder wollen, werfen Fragen nur ein, wenn der Redefluß stockt, sie verstummen oder wir merken, daß sie ihre Gedanken überhaupt nicht zu formulieren vermögen. Die Fragen ergeben sich aber nur aus unseren, die Mitteilungen der Eltern begleitenden Assoziationen. Dann stören diese weder den Gedanken- noch den Affektablauf, sondern regen an und stärken vorhandene Impulse. Unsere Grundeinstellung bedingt natürlich auch, daß wir nicht versuchen, die Mitteilungen zu lenken, weil wir uns ein Schema zurechtgelegt haben, eine vorliegende Drucksorte in vorgeschriebener Ordnung ausfüllen oder den Konflikt und das familiengeschichtliche Material in von uns bestimmter Reihe dargestellt haben wollen. Die Leitlinie für die Mitteilungen haben nicht wir zu bestimmen, sie muß sich aus der Affektsituation der uns gegenüber Sitzenden ergeben. So schaffen wir einen Ersatz für die Methode des freien Einfalles, die wir von der Analyse her kennen, und so die Atmosphäre, in der die Übertragung sich entwickelt. Es ist völlig unwesentlich, wieviel wir in der ersten Besprechung von der Vorgeschichte erfahren, wieviel anamnestisches Material wir bekommen. Von ausschlaggebender Bedeutung für den weiteren Verlauf unserer Arbeit werden die Beziehungen, die Vater und Mutter bei dieser ersten Begegnung zu uns bekommen.

Aber schon ehe die Eltern uns gegenübersitzen und zu sprechen beginnen, sind wichtige Augenblicke, die nicht ungenützt verstreichen dürfen. Schon ehe das Gespräch beginnt, können Beziehungen für lange Zeit hinaus festgelegt worden sein, die eine Übertragung erschweren oder unmöglich machen. Es ist nicht gleichgültig, wie wir die Eltern empfangen, ob unsere Aufmerksamkeit bereits ganz ihnen zugewendet ist oder sich noch irgendwie mit dem vorangegangenen Falle beschäftigt, ob wir ihnen entgegengehen, aufstehen oder sie sitzend begrüßen, ob und wie wir ihnen die Hand reichen, ob wir ein ernstes oder ein freundliches Gesicht zeigen, sie direkt ansehen oder an ihnen vorbeischauen. Eine angedeutete Geste, ein kaum merkbares Kopfnicken, ein Passiv- oder Aktivwerden im richtigen Moment, lösen Imponderabilien mit mächtiger Wirkung aus.

Einige allgemeine Bemerkungen dazu sind möglich, aber allgemein gültige Regeln lassen sich ebensowenig aufstellen, wie alle Einzelheiten sagen oder niederschreiben. Zwei Bemerkungen erscheinen mir aber wesentlich wichtig. Die eine: wir überschätzen das eigene Reden und unterschätzen unser Zuhören bei der ersten Begegnung mit Eltern und Kindern. Die andere: nicht alles, was unser Verhalten in der Erziehungsberatung erfordert, können wir erlernen. Ohne ein gewisses Ausmaß an Einfühlungsfähigkeit werden wir schwer das Richtige treffen. Ist aber dieses Ausmaß an Einfühlung zu weitgehend, dann erfolgt eine so starke Identifizierung, daß die nachher einzusetzende objektive Betrachtung des Erziehungsnotstandes mißlingt. Der Erziehungsberater wird dann, wie es so vielen Frauen ergeht, im eigenen Miterleben unfähig zu helfen. Die Möglichkeit einzugreifen ist aber auch geschwächt, wenn trotz richtiger Einfühlungsfähigkeit zielsichere Entschlußfähigkeit fehlt.

Aus den bisherigen Darlegungen ist festzuhalten, daß schon bei der ersten Begegnung das ganze Bemühen des Erziehungsberaters auf das Gelingen richtiger Beziehungen der Eltern zu ihm, einer Übertragung auf seine Person zu richten ist. Die Bemerkungen über das Vorgehen des Erziehungsberaters in dieser Situation sind nur Anregungen und dürfen keinesfalls als Rezepte aufgefaßt werden. Jeder Erziehungsberater hat die Situation nach einer eigenen Persönlichkeit zu gestalten und darf nicht versuchen, sich nur schauspielerisch nachahmend zu benehmen; denn dann wäre ihm ein Mißerfolg sicher.

3. Die planmäßige Beeinflussung verschiedener Eltern-Typen

a) Das Agieren auf Grund der Übertragung von Es-Regungen

Kehren wir nun zu jener Mutter zurück, die im Bestreben, ihre eigene Neurose symptomlos zu halten, die Verwahrlosung ihres Kindes verursacht. Benehmen wir uns so, wie es eben angedeutet wurde, dann wird schon das hemmungslose, von Affektladungen begleitete Sichaussprechen den Anreiz zu einer libidinösen Bindung an uns geben. Zeigen wir Verständnis, Interesse für Schwierigkeiten der Mutter, wirkliche Anteilnahme, werden wir nicht ungeduldig, sind wir in dieser Zeit nur für sie ganz allein da, dann erfolgt infolge der »falschen Verknüpfung« die Übertragung. Die Frau ist jetzt in einer ähnlichen Situation wie die geschilderte Kundin dem Verkäufer oder Agenten gegenüber, wahrscheinlich aber mit noch größerer Intensität gebunden und sicher auf längere Zeit hinaus.

Aus den Mitteilungen der Mutter haben wir manches erfahren, über den akuten Konflikt, die Verhältnisse innerhalb der Familie, die psychische Situation des Kindes, die eigene Kinderstube der Mutter, weil wir, der Mutter unmerklich, das Gespräch auch dahin gelenkt hatten usw. Mit all dem haben wir auch Anhaltspunkte für ein erstes Eingreifen bekommen, weil wir nun auch wissen, was im Verhalten der Mutter dem Kinde ganz besonders unangenehm ist und worauf es mit stärkster Abwehr antwortet. Unser Eingreifen wird daher die Mutter so zu beeinflussen haben, daß sie ihre eigenen Affekte beherrscht. Dadurch wird auch eine Änderung im Betragen des Kindes veranlaßt und eine Entspannung im Zusammenleben zu Hause eingeleitet.

Um die beabsichtigte Änderung im Benehmen der Mutter zu erreichen, genügen weder Andeutungen noch allgemeine Bemerkungen. Es bedarf direkter Weisungen, denen wir die Form eines Auftrages geben: inhaltlich vollständig eindeutige klare Richtlinien so präzisiert, daß keinerlei Zweifel auftauchen können und sie befolgt werden müssen. Dadurch wird die Mutter unter dem Druck der Übertragung zu einem Agieren gezwungen, das von uns nicht nur gewollt, sondern auch so gelenkt wird, daß es der Genesung des Kindes dient.

Dazu eine Bemerkung für den Erziehungsberater: die Übertragung darf durch den Auftrag weder ins Schwanken geraten, noch abgebaut werden. Verhindert wird dies durch die Art, in der er erfolgt. Er muß sich unmerklich so in das Über-Ich der Mutter einschleichen, daß er nicht als fremdes, sondern als eigenes Wollen — im eigenen Über-Ich entstanden — empfunden wird. Es sei denn, daß der Erziehungsberater schon bei der ersten Begegnung zu einer widerspruchslos anerkannten Vater-Autorität geworden ist. In diesem Falle tritt er als die fordernde Instanz auf.

War unser Benehmen unrichtig, haben wir zum Beispiel die Tragfähigkeit der Übertragung überschätzt, so merken wir das schon aus dem Verhalten der Mutter in der Erziehungsberatung, aber noch deutlicher in ihrem Benehmen zu Hause: sie bleibt uns gegenüber kritisch eingestellt, sie nimmt den Auftrag überhaupt nicht zur Kenntnis oder wertet ihn nur als Rat, der befolgt oder auch abgelehnt werden kann; sie bleibt bei ihren Affektausbrüchen, führt den erhaltenen Auftrag nicht, nur teilweise oder unrichtig aus.

Mit dem richtigen Agieren der Mutter zu Hause ist die Phase der Vorbereitung abgeschlossen, und das Kind tritt in den Vordergrund.

Ich weiß, daß sich jetzt einige Fragen aufdrängen: Wie lange wird die Mutter das schlechte Verhalten des Kindes ertragen können, ohne selbst rückfällig zu werden? Wie lange werden wir die Mutter in der Abhängigkeit zu uns halten? Wie werden wir die Übertragung abbauen, um der Mutter ihre volle Handlungsfreiheit wieder zurückzugeben?

Zur ersten Frage: Da die Mutter unter unserem Einfluß agiert, überlassen wir sie nicht sich selbst, sondern bestellen sie zum zweitenmal schon nach wenigen Tagen und dann in kürzeren regelmäßigen Abständen immer wieder, je nach der Stärke der Übertragungsbeziehung. Schon dadurch und durch unser weiteres Verhalten, das sich nicht wesentlich von dem in der ersten Besprechung eingenommenen unterscheidet, tritt keine Änderung in ihren Beziehungen zu uns ein; das Abflauen der Übertragung wird verhindert, der Widerstand gegen eigene Affektausbrüche gestärkt und noch dazu die Bedingung geschaffen, das Kind auch ertragen zu können, wenn es in seinem Betragen wesentlich ärger werden sollte. Auch auf diese Möglichkeit haben wir die Mutter vorzubereiten; denn das Kind muß die infolge der libidinösen Beziehung der Mutter zu uns eingetretene Entlastung nicht unbedingt und immer als wohltätige geringere Belastung empfinden. Es kann mißtrauisch werden oder in seinen Reaktionsbildungen schon so weit vorgeschritten sein, daß ihm der von der Mutter bisher ausgeübte Druck unentbehrlich geworden ist. In beiden Fällen wird es in ein gesteigertes Provozieren der Mutter verfallen, was sich in einem immer unerträglicher werdenden Benehmen äußert.

Solange also die Übertragung der Mutter zu uns fest bleibt, wird sie die Launen des Kindes, seine Verwahrlosungsäußerungen und sein gesteigertes Provozieren ertragen, ohne in die alten Fehler zu verfallen.

Die anderen Fragen würden sich erledigen, wenn es jedesmal gelänge, die Mutter selbst rechtzeitig in Analyse zu bringen. Da dies aber nur selten möglich ist, wird auch deren Beantwortung wichtig.

Wie lange halten wir die Mutter in Abhängigkeit von uns? An die Phase der Vorbereitung schließt sich eine zweite, in der das Kind in den Vordergrund tritt, in der an der Behebung des Erziehungsnotstandes gearbeitet wird. In dieser Zeit lassen wir in der Regel eine Änderung in den Beziehungen der Mutter zu uns nicht zu, wenn es auch in günstigen Ausnahmefällen zu einer Lockerung der Beziehungen kommen darf. Sonst merken wir Tendenzen, die Beziehungen zu uns ins Negative zu verkehren oder gar die Übertragung zu uns zu lösen, rechtzeitig und lassen sie nicht zur Wirkung kommen. Erst wenn der Erziehungsnotstand soweit behoben ist, daß nicht wesentlichere Erziehungsschwierigkeiten auftauchen, als sie auch bei anderen Kindern vorkommen, beschließen wir diesen Teil unserer Arbeit und damit auch die zweite Phase.

Die Dauer der Übertragungsbeziehungen der Mutter zu uns ist daher eine vom Erziehungsnotstand bedingte Funktion.

Der Beginn der dritten Phase, in der die Ablösung der Mutter erfolgt, ist fast nie zu bestimmen; der Übergang ist fließend, und daher können die beiden Phasen nicht deutlich voneinander abgegrenzt werden. Diese Arbeitsphase ist ideell abgeschlossen, wenn die Mutter von uns wieder vollständig unabhängig geworden ist, das heißt ihrem Kinde gegenüber wieder volle Handlungsfreiheit gewonnen hat. Dieser ideale Zustand wird selten rasch erreicht. Kleinere oder größere Reste an Beziehungen zu uns bleiben häufig noch während längerer Zeit bestehen. Da sie aber erfahrungsgemäß weder dem Kinde noch der Mutter Schaden bringen, sondern, im Gegenteil, nutzbar gemacht werden können, wenn nochmals Schwierigkeiten in der Familie auftauchen, können wir die vollständige Loslösung der Zeit überlassen. Übrigens wirkt sich dieser Beziehungsrest auch recht oft in der Erziehung der anderen Kinder derselben Familie günstig aus. Eine Bemerkung erscheint hier nicht überflüssig. Es ereignet sich manchmal, daß Mütter die Besserung des Kindes aus dem unbewußten Wunsch, immer wieder zu uns kommen zu können, vereiteln. Diese Tendenz ist leicht zu erkennen und unschwer unschädlich zu machen.

Die Arbeitsweise unterscheidet sich wesentlich von der in der ersten und zweiten Phase eingehaltenen. In dieser Zeit stützen wir uns wenig oder nicht auf das intellektuelle und mehr auf das affektive Ich der Mutter, weil sie in dieser Zeit weder allein, noch mit Hilfe der von uns gewonnenen Einsichten ihre Affekte zu meistern vermochte. Wir verlangten immer wieder, daß sie ihre Gefühlsäußerungen aus ihren Beziehungen zu uns beherrsche, und dadurch hielten wir eigentlich die Affektlage in der Familie nivelliert.

Das ändert sich nun. Wir sind nicht mehr nur die gütige, anerkennende und lobende Instanz, wir beginnen vorsichtig mit Kritik und scheuen uns auch nicht mehr, dies oder jenes mit einer tadelnden Bemerkung zur Kenntnis zu nehmen. Wir benehmen uns nach und nach so, daß wir die Mutter zum Widerspruch anregen, um dadurch die bisher vollständig ausgeschaltet gewesene eigene kritische Instanz der Mutter wieder zu wecken.

Ist dieser Erfolg erreicht, so beleben wir das kritische Ich der Mutter durch immer sachlicher und unpersönlicher werdende Kritik, auch durch Anregung eines Meinungsaustausches, auf den wir bereitwillig und ausführlich eingehen.

Der nächste Schritt ist die Stärkung der mütterlichen Urteilsfähigkeit. Wir fordern sie auf, eigene Vorschläge zu bringen, auf die wir eingehen oder die wir ausführlich begründet ablehnen. Dabei ziehen wir uns immer mehr auf die Position des Beraters zurück.

Der Loslösung von der Gebundenheit an unser Urteil und an unsere Person, dem völligen Wiederaufbau des eigenen Über-Ichs gilt unser weiteres Bemühen. Die Mutter führt von uns angeregte oder von ihr selbst gebrachte Vorschläge auf eigene Verantwortung durch. Wir anerkennen jede selbständige Leistung und stellen gemeinsam die Ursache eines Mißerfolges fest.

Gleichberechtigt steht die Mutter schließlich neben uns, wenn wir nun auch noch mit ihr gemeinsam Zusammenhänge suchen, die das Verhalten des Kindes und dessen Verwahrlosung erklären können. In dieser Zeit muß die frühere, real nicht berechtigte, nur der Übertragung entspringende Überschätzung unserer Person einer normalen Bewertung gewichen sein.

Die Mutter hat nunmehr durch unser planmäßiges Vorgehen ihr Über-Ich wieder zurückgewonnen und die bisher uns zugewendet gewesene Libido abziehen können.

Ein Teil der freigewordenen Libido kehrt wieder zum Kind zurück, wird aber, durch uns gelenkt, nun anders verwendet als früher: die Mutter erfuhr durch uns schon soviel über die das Kind störenden äußeren Umstände und inneren Schwierigkeiten, über dessen Strebungen, Wünsche und Bedürfnisse, daß das richtige Erfassen der jeweiligen psychischen Situation, das richtige Gewähren und Versagen zur ernsten Erziehungsarbeit mit erheblicher Libidobeanspruchung geworden ist. Was an Libido noch erübrigt, muß in dieser Zeit schon in Interessenkreisen der Mutter, die aber mit dem Kinde nicht zusammenhängen, untergebracht worden sein.

Vor einem wesentlich gleichen Problem stehen wir, wenn eine unbefriedigt lebende Frau im Suchen nach einer Ersatzbefriedigung den sexuellen Äußerungen ihres Kindes abnormes Interesse zuwendet, dies selbst nicht merkt, sondern meint, nur achtsamer zu sein als andere Mütter und das Kind besonders gut zu erziehen. Diese Frauen leben in ständiger Spannung und Angst um das leibliche und moralische Wohl ihres Kindes. In extremen Fällen sind sie wie von einer Spürsucht befallen und suchen fast zwanghaft nach sexuellen Regungen und verbotenem Tun des Kindes, wobei gewöhnlich die Onanie und was damit zusammenhängt im Mittelpunkt ihres Forschens steht. Bei diesem Verhalten der Mutter wäre zu erwarten, daß die Sexualität des Kindes frühzeitig geweckt und in abwegige Bahnen gelenkt wird. Da diese Frauen aber lange Zeit hindurch tatsächlich nur im heimlichen Beobachten des Kindes sich abquälen und es selbst nicht wesentlich einschränken, wird das Kind bei rechtzeitigem Eingreifen nur selten geschädigt.

Nicht immer ist es beim Erscheinen in der Erziehungsberatung daher auch schon zu einer libidinösen Überlastung des Kindes gekommen und tatsächlich ein Erziehungsnotstand gegeben, wohl aber ist das Kind auf das schwerste gefährdet, da seine wirkliche übermäßige Beanspruchung nur mehr eine Frage ganz kurzer Zeit ist.

Unser Verhalten diesem Typus Frau gegenüber weicht in nichts von der bereits geschilderten Art ab. Der Verlauf der einleitenden Phase ist genau derselbe, nur begleitet vom Anfang an unsere kritische Aufmerksamkeit den wechselnden Affekt, mit dem das »verdorbene« Kind angeklagt wird. Damit vermeiden wir einen Irrtum, der verhängnisvoll werden könnte. Nicht immer übertreiben neurotische Eltern harmlose sexuelle Äußerungen ihres Kindes maßlos und verlangen Abhilfe von uns. Es kommen auch nicht-neurotische Eltern, die wirklich beunruhigende Beobachtungen über die abnorme sexuelle Entwicklung ihres Kindes bringen. Das Ankämpfen gegen die eigenen verdrängten sexuellen Wünsche ist unschwer zu merken, wenn wir nur darauf achten. Die besondere Bereitschaft zur Übertragung kürzt die einleitende Arbeit um ein Beträchtliches ab.

Die Aufgabe der zweiten Phase besteht darin, das sexuelle Interesse der Mutter vom Kinde abzuziehen. Mit unseren Fragen berühren wir den Sachverhalt nur so, daß er der Mutter nicht voll bewußt wird. Wir wollen keinen Widerstand wachrufen, weil wir uns sonst mit ihm beschäftigen müssen. Die Fragen beinhalten mehr ein indirektes Erkundigen nach Gefühlen bei den Beobachtungen. Dadurch wird das Ich gewarnt, ohne daß ihm in Worten mitgeteilt wird, worauf es zu achten habe. Da Wortvorstellungen fehlen, kann es sich mit dem wachgerufenen Spannungszustand bewußt nicht auseinandersetzen. Ein Erfolg ist nur durch Vermeiden der kritischen Situation zu erreichen, was aber mit dem von uns beabsichtigten Abziehen des sexuellen Interesses an den Beobachtungen zusammenfällt. In diesem Stadium ist die Frau, von uns aufmerksam gemacht, nun auch fähig, Verständnis für die übrigen Bedürfnisse des Kindes zu haben und seine normalen sexuellen Äußerungen nicht mehr mit Abscheu zu sehen, sondern harmloser aufzufassen. Die Gefahr einer übermäßigen libidinösen Inanspruchnahme durch die Mutter besteht daher nicht mehr.

Hierher gehört der oben mitgeteilte Fall[2] einer Mutter, die, irregeführt durch ihre unbewußten Wunschphantasien, die Tochter eines manifest homosexuellen Verhältnisses mit ihrer Lehrerin beschuldigte.

Zwei typische Fälle ähnlicher Art seien noch angeführt, bei

[2] Siehe oben S. 51

denen das besondere Interesse der Erwachsenen dem sexuellen Leben der Kinder zugewendet ist.

In einem bestimmten Proletariermilieu leben die Erwachsenen in voller sexueller Freiheit. Infolge der engen Wohnverhältnisse schlafen zehn und mehr Personen gemeinsam in einem Raum. Vater und Mutter liegen in einem Bett beisammen, ebenso erwachsene Schwestern und Brüder mit ihren Freunden und Freundinnen. Vor den Augen des Kindes spielen sich die intimsten Beziehungen ab, manchmal ganz hemmungslos, oft versteckter, aber auch dann für das Kind ohne besondere Anstrengung noch zu sehen. Auffällig ist das Benehmen der Erwachsenen dem Kinde gegenüber. Mit gleichsam besorgter Neugierde wird es auf seine eigenen sexuellen Äußerungen, namentlich die Onanie, hin beobachtet; denn die kindliche Onanie ist in diesen Familien etwas absolut Verbotenes.

In der Erziehungsberatung bereitet es die größten Schwierigkeiten — manchmal gelingt es überhaupt nicht —, der überaus empörten Mutter das Verhalten des Kindes aus dem seiner Umgebung begreiflich zu machen. Wir bekommen regelmäßig zur Antwort: »Was glaubt denn der Lausbub!« Erklärlich wäre, wenn die Mutter aus der sonst üblichen Angst, das Kind könnte sich schädigen, sich so verhielte. Vorherrschend ist aber die Empörung, daß das Kind sich ein Recht anmaßt, das nur den Erwachsenen zusteht.

Es begegnen uns immer wieder Pflegemütter, die von amtlichen Stellen vorschulpflichtige Kinder in Pflege übernommen haben und die in affektivsten Ausdrücken ihre Beobachtungen über die Onanie des Pflegekindes mitteilen. Da sie selbst drei oder vier eigene Kinder haben, von denen eines womöglich im selben Lebensalter steht, sind ihnen kindliche Erlebnisse gewiß nicht fremd. Das Pflegekind wurde ihnen in sexueller Hinsicht irgend einmal auffällig, und von da an setzt eine fast lückenlose Beobachtung ein, an der sich alle erwachsenen Familienmitglieder beteiligen. Die Onanie des Kindes ist zum Mittelpunkt der Gespräche geworden. Es werden nicht nur Nachbarn und Freunde um Rat gebeten, es wird nicht nur der Arzt der Mütterberatung, die Fürsorgerin, der Fürsorgerat, kurz alle amtlichen Organe von der Beobachtung verständigt, sondern es werden auch alle zur Verfügung stehenden Erziehungsmittel im Kampfe gegen die Onanie verwendet. Man muß sich wundern, daß es nicht zur Anwendung von barbarischen Mitteln und Mißhandlungen kommt. Scheinbar erschöpft sich der Affekt im Beobachten, darüber Reden und Beraten. In einem Punkt sind sich alle diese Familien einig: die eigenen Kinder haben so etwas nicht gemacht. Jeder Appell an die Einsicht bleibt wirkungslos, ein Erfolg ist nur im Übertragungsverhältnis zu erzielen.

Beide angeführten Fälle bedürfen noch sehr der theoretischen Aufklärung des Verhaltens der Erwachsenen. Wenn wir mehr darüber wissen werden, wird die Übertragung sicherer — weil planmäßig — herzustellen sein als gegenwärtig. Da wir jetzt noch immer auf das jeweilige intuitive Erfassen der gegebenen Situation angewiesen sind, läßt sich über die anzuwendende Technik nichts angeben.

Die verdrängten Wunschphantasien der Erwachsenen finden nicht immer in der intensiven Beobachtung der primitiven Sexualäußerungen des Kindes ihre Befriedigung. Die pathogenen Konflikte suchen andere Gebiete auf, wenn diese ihnen besser dienstbar gemacht werden können. Dann aber ist den Eltern das kindliche Sexualleben unwichtig geworden, scheinbar ist es für sie überhaupt nicht vorhanden. Übermäßige Bedeutung gewinnt jenes Tun, das den elterlichen Defekten entgegenkommt, es zieht das ganze Interesse auf sich und tritt als ungewöhnliches, übermäßiges um das Kind Sichsorgen in Erscheinung. Aus dieser Konstellation bekommen wir in die Erziehungsberatung: »das hysterische Erbrechen«, »die Zwangsneurose« und »das verwahrloste Kind«. In Wirklichkeit hat ein schwächliches Kind öfters den Magen verdorben, ist anerkennenswert ordnungsliebend oder etwas lebhafter, ein wenig schlimmer als andere Kinder. Wortreich wird auch über arge häusliche Szenen, die tatsächlich feststellbar sind, berichtet. Die Eltern merken aber nicht, daß diese nur als Folgeerscheinungen ihres eigenen unvernünftigen Verhaltens entstehen, auch nicht, wie sie das Kind quälen, und mißverstehen dessen ganz natürliche Abwehr. Wenn wir diese Kinder zu sehen bekommen, besteht bei ihnen in der Regel ebenso noch kein Erziehungsnotstand wie bei jenen, die wegen ihrer »sexuellen Laster« vorgeführt werden. Aber jedenfalls sind auch sie als sehr gefährdet zu betrachten.

Die Bearbeitung dieser Fälle geschieht im wesentlichen nach dem bereits bekannten Schema, nur muß der Erziehungsberater besonders wachsam sein, die Übertreibungen sofort merken, weil er sonst irregeführt wird, da auch das von den Eltern eingeschüchterte und verängstigte Kind deren Angaben vollinhaltlich zu bestätigen scheint. Er kommt dann zu einer falschen Diagnose und greift an unrichtiger Stelle, natürlich erfolglos, ein. Erfaßt er aber diesen Elterntypus rasch und richtig, dann vermag er wieder aus dem wechselnden, die Mitteilungen begleitenden Affekt auf das verdrängte Material zu schließen und die Übertragung planmäßig zu bewirken.

An die Grenze unserer Arbeitsmöglichkeit kommen wir, wenn im häuslichen Zusammenleben die Neurose der Eltern sich in Formen auslebt, die das Kind schwer schädigen, und keine Geneigtheit besteht, etwas gegen die eigene Krankheit zu unternehmen. Ich habe oben einen Erziehungsnotstand besprochen, der durch den Waschzwang der Mutter verursacht worden war[3]. Dort konnten wir nur deswegen erfolgreich arbeiten, weil es möglich war, die Mutter in Analyse zu bringen.

In allen bisher behandelten Erziehungsnotständen verlief die Phase der Vorbereitung auf der gleichen Linie, nur mit jenen Abweichungen, die durch die Besonderheiten des Falles bedingt waren. Diese Technik ist aber nur für jene Typen brauchbar, deren neurotische Ich-Struktur ein gewisses passives Verhalten erzeugt.

Bei anderen Typen wird die Übertragung, die, auf die bisher besprochene Weise provoziert, lange auf sich warten ließe, rasch hergestellt, wenn unsere zuwartende Haltung ganz plötzlich einer vollen Aktivität weicht. Der Erfolg hängt wesentlich vom Tempo dieser Änderung ab. Je kürzer der Zeitraum zwischen passivem Verhalten und Aktivwerden ist, desto größer ist das Überraschungsmoment, desto tiefergehend die Wirkung.

Am besten zu illustrieren ist das Benehmen des Erziehungsberaters wieder an einem typischen Beispiel. Der höchste Prozentsatz verwahrloster Kinder kommt aus Familien, in denen sich das Machtverhältnis der Eltern umgekehrt zum gewöhnlichen gestaltet. Die Mutter ist das Haupt der Familie; sie beherrscht den Mann und die Kinder; sie bestimmt, was zu geschehen hat; ihr gebührt selbstverständlich die dominierende Stellung; sie ist weit davon entfernt zu merken, wie unangenehm drückend sie empfunden wird, sondern ist überzeugt, daß ohne sie die Familie nicht bestehen könnte. Der Vater anerkennt die übergeordnete Stellung seiner Frau. Unbewußt läßt er sich gerne, ohne viel Widerstreben führen und beherrschen. Bewußt meint er, der Vernünftigere zu sein, der sich nur um des lieben Friedens willen geduldig und zumeist wortlos fügt. Daß er sich aber auch auflehnt, merkt er nicht, weil diese Versuche, kaum begonnen, bereits wieder in sich zusammenbrechen. Nur übermäßig gereizt, kommt er in sinnlose Wut und wird brutal; oft so, daß Frau und Kinder aus der Wohnung flüchten müssen oder, in anderem Milieu, sich entsetzt zurückziehen, wie vor einem gefährlichen Geisteskranken.

Der latent homosexuellen, aktiven Frau steht der latent homosexuelle, passive Mann gegenüber. Dieser Typus Mann erlebt die Aktivität der Frau als Angriffstendenz, als Kastrationsabsicht, und nicht als das, was sie wirklich ist: unbewußter Wunsch, vom starken Mann besiegt zu werden. Er befriedigt daher die viel stärkere unbewußte Tendenz der Frau nie, ent-

[3] Siehe oben S. 23

täuscht sie jedesmal durch sein Verhalten, wahrscheinlich am meisten, wenn er brutal wird, denn auch dann ist er nicht der starke Mann, sondern der unbeherrschte, sinnlos gewordene Schwächling, oder erscheint wie ein geistig Erkrankter. Tatsächlich unterliegt er seinem Affekt wie ein mit der Umwelt kämpfendes, tobendes Kleinkind und ist, obwohl er seine Umgebung in Angst versetzt, weit davon entfernt, seine Position in der Familie ändern zu können.

Die Libidoansprüche der Ehefrau bleiben unbefriedigt, weil sie nicht bemerkt werden oder, durch das Benehmen des Mannes erschreckt, zurückgezogen wurden. Die Frau muß nach einem brauchbaren Objekt Umschau halten, als welches wieder in erster Linie das Kind in Frage kommt. Dieses ist damit in ein Chaos einbezogen, das auf seine Kosten sich in einen Gleichgewichtszustand organisiert. Die libidinöse Überlastung erträgt es auf die Dauer nicht schadlos, und wir bekommen einen Verwahrlosten in die Erziehungsberatung.

Unser gewohntes passives Verhalten bei der ersten Begegnung mit Eltern ist diesem Typus Mutter sehr bekannt. Sie ist, weil wir uns absichtlich so benehmen, irregeführt und versucht sofort, ohne die geringste Unsicherheit auch mit uns, was ihr zu Hause immer wieder gelingt. Sie steht auf ihr bekanntem Boden und erwartet keine ihr fremde Reaktion. Nun geben wir ganz plötzlich, oft im Bruchteil einer Sekunde, unsere passive Rolle auf. Aus unserem weiteren Verhalten muß sie das Neue, ihr bisher Unbekannte, aber immer wieder unbewußt Gesuchte erleben: den unbeugsamen anderen Willen, gegen den sie vergeblich anstürmt.

Wie der Erziehungsberater sich im besonderen benimmt, hängt von seiner eigenen Persönlichkeit ab; daß er dabei jeden eigenen Affekt vermeidet, ist selbstverständlich. Erfahrungsgemäß bewirkt dieser plötzliche Umschwung im Verhalten des Erziehungsberaters eine solche Überraschung, daß sich daraus eine besonders gesteigerte Übertragung ergibt.

Wenn wir uns die psychische Situation dieser Mutter nach dem Schema der früher besprochenen Fälle vorstellen, müßte sich daraus die Forderung ableiten, sich auch ihr gegenüber möglichst reaktionslos zu benehmen, um mit ihr auf dieselbe Weise die Herstellung einer Übertragung zu ermöglichen. Der Erfolg wäre aber bei diesen Frauen nicht der, den wir erwarten. Sie würden bei uns in der Erziehungsberatung nichts Ergreifendes und in ihr Leben Einschneidendes erleben; sie würden nur dieselbe Situation herstellen, die sich bei ihnen im eigenen Eheleben hundertfach hergestellt hat: ein passiver Mann beugt sich widerspruchslos den von der Frau stürmisch vorgetragenen aggressiven Wünschen.

Was wir erreichen wollen, ist etwas anderes. Wir vernachlässigen die bewußte und sichtbare Libidoeinstellung der Mutter, die wir als Produkt von Abwehr und Ablehnung erkennen, und wenden uns an tiefere Schichten des Unbewußten. Wir treten ihr als Gegner entgegen und erfüllen ihr damit wirklich den ihr selbst unbewußten und tiefverdrängten Wunsch: die Sehnsucht nach dem starken Mann, von dem sie sich besiegen lassen darf.

Ich berichtete von einem trunksüchtigen Vater[4] und deutete an, wodurch in dieser Familie eine unerträgliche Situation geschaffen war. Es war eine Form der Trunksucht, der wir so oft begegnen, wenn das Machtverhältnis der Elternteile so wie in der vorhergehend geschilderten Familie verschoben ist. Der Mutter gaben wir die Möglichkeit zur Gewinnung einer passiven Einstellung; dem Vater verhalfen wir, seine aggressiven Tendenzen in sozialer Form zu äußern.

Die Art unserer Hilfe der Mutter gegenüber ist aus dem vorangegangenen Beispiel zu ersehen. Den Vater mußten wir in eine andere Art der Beziehung zu uns bringen. Er kommt, wie uns die Erfahrung zeigt, selbst immer aus einer Familie, in der das Machtverhältnis der Eltern mit unwesentlichen Abweichungen dasselbe ist, wie das von ihm durch seine eigene Ehe geschaffene. Seine innere Einstellung zur Frau, oft auch die daraus sich ergebenden Äußerungen sind eine Fortsetzung seiner Beziehungen zur eigenen Mutter. Daß er davon nichts merkt, liegt gewöhnlich nur an Äußerlichkeiten. Die Frau hat eine andere Gestalt, eine andere Haar- oder Augenfarbe als die Mutter, zeigt irgendwie andere Bewegungen und Gesten. Im großen und ganzen aber ist sie gerade in den für das Zusammenleben wichtigen Belangen eine Kopie der Mutter. Aber auch die Stellung dieses Männertypus zum Vater ist von ausschlaggebender Bedeutung für sein Verhalten in der Familie. Als Kind erlebte er im eigenen Vater immer den Schwächling, der sich der Mutter gegenüber nicht behaupten konnte. Bei Zorn- und Wutausbrüchen des Vaters nahm er in der Identifizierung mit der Mutter deren Partei, lehnte ihn vollständig ab, ja noch mehr, er empfand in solchen Situationen die Pflicht, die Mutter vor dem Gewalttäter schützen zu müssen. Ihm fehlte daher das Vaterobjekt, durch das er zum richtigen Mann hätte werden können.

Beide Elternteile werden häufig in die Erziehungsberatung bestellt und selbstverständlich getrennt vorgenommen. Erfolg verspricht nur intensive Beschäftigung mit beiden. Unter dem Druck der Übertragung agiert die Mutter zu Hause in dem vom Erziehungsberater gewollten Sinne, beherrscht ihre Affekte viel mehr als bisher und wird auch viel gefügiger. Sie läßt jetzt auch den Vater zu Wort kommen. Das Agieren

[4] Siehe oben S. 31

nimmt er als eine durch den Erziehungsberater bewirkte Änderung, die er nicht nur ungemein angenehm empfindet, sondern auch als unbegreifliches Geschehen erlebt. Für ihn wird der Erziehungsberater dadurch zum bewunderten Vater, der sich vor der Mutter nicht beugt und gegen den sie sich auch nicht auflehnt.

Er erlebt aber noch mehr: durch die zielbewußten, verständnisvollen, gütigen, wohlwollenden Äußerungen des Erziehungsberaters ein phantasiertes Mutterbild. Ein Stück phantasierter Kindheit wird Wirklichkeit. Der Erziehungsberater ist der große gütige Magier, der die gesamte Allmacht in sich vereinigt, vor dem man sich aber nicht fürchten muß, weil er nicht unheimlich wirkt, dem man aber gern und willig folgt. Manche Verkrampfung löst sich, und früher gegeneinander wütende, nur zerstörende Kräfte werden nun nützlich wirksam. Beide, Vater und Mutter, werden langsam aus der Ausnahmesituation entlassen, aber lange Zeit bleibt der Erziehungsberater für sie die oberste Instanz, die immer wieder angerufen wird und der sich beide willig unterwerfen. Langsam wird auch dieses Stadium überwunden, und zurück bleibt das große Erleben mit seelisch tiefgehenden Wirkungen.

b) Die Einfühlung in das Über-Ich der Eltern

Zur Herstellung der Übertragung steht uns Es, Ich und Über-Ich der Eltern zur Verfügung. Bei den bisher beschriebenen Erziehungsnotständen erschien es zweckmäßig, sich durch Vermittlung des Ichs vorwiegend an das Es zu wenden. In bestimmten Fällen wird der Weg über die Abhängigkeiten des Ichs von seinem Über-Ich rascher und sicherer zum Ziele führen. Diese Ich-Instanz kann der Erziehungsberater nur dann für seine Zwecke in Anspruch nehmen, wenn er das Milieu der ihn um Rat Befragenden genau kennt. Weiß er, wie die Eltern selbst aufgewachsen sind, wie in ihrem Kreise das Leben abläuft, was erstrebenswert erscheint, so ist er auch über ihre Einstellung zu allem Überpersönlichen, zu ihren religiösen Bedürfnissen, zu den sie beherrschenden sittlichen und moralischen Grundsätzen orientiert, und auch der Wertmaßstab, den sie an die ideellen und materiellen Güter des Lebens anlegen, ist ihm nicht mehr fremd. Je genauer der Erziehungsberater über die Inhalte des elterlichen Über-Ichs informiert ist, desto leichter wird er im gegebenen Zeitpunkt die Eltern veranlassen können, ihm überzeugt, willig Gefolgschaft zu leisten. Die Form, in der das Über-Ich das Ich der Eltern brutal zwingt oder zögernd mahnt, oder fast bittend ein Tun oder Unterlassen erwartet, entnimmt ein geschultes Auge und Ohr dem äußeren Verhalten der Eltern in der Erziehungsberatung. Beides, Inhalt und Form des elterlichen

Über-Ichs bewußt zu erfassen, ist für den Erziehungsberater unerläßlich, weil ja davon das Gelingen seiner Arbeit abhängt.

Es kommt im Gegensatz zu den früher geschilderten Fällen nicht mehr darauf an, daß die Eltern ihre eigene Urteilsfähigkeit aufgeben und sich ihm willenlos fügen, agieren. Sie haben zu erleben, daß der Erziehungsberater ihre Über-Ich-Forderungen als völlig richtig anerkennt. Er wird sich daher so benehmen, als ob seine eigene kritische Instanz verschwunden wäre. Er stimmt ihnen daher in der Beurteilung des vorliegenden Erziehungsnotstandes vollkommen zu.

Ein Vater erscheint mit seinem einzigen Kind, einem 13jährigen Jungen, weil dieser trotz Wiederholung der zweiten Klasse einer Mittelschule so schlechte Leistungen aufweist, daß die Gefahr seiner Entfernung aus der Schule besteht. Nach den Schilderungen des Vaters könnte sein Sohn viel mehr lernen, wenn er nur wollte; ist aber faul und unwillig, wenn er zum Lernen angehalten wird; frech und renitent; sonst wortkarg und sehr verschlossen; hat keine Freunde, für nichts Interesse; sitzt zu Hause beschäftigungslos herum und starrt in die Luft.

Der Vater selbst macht einen auffallend guten Eindruck. Er ist Hilfsarbeiter, für seine Verhältnisse gut gekleidet, drückt sich sehr gewählt aus, ist weit über das zu erwartende Ausmaß hinaus gebildet, sehr belesen und über die Tagesfragen vollständig orientiert. Er lebt in engen, einfachen, aber durchaus geordneten wirtschaftlichen Verhältnissen. Sein einziges Interesse ist das Kind. Nur für seinen Sohn lebt er, ihm will er eine gute Zukunft vorbereiten, und als sicherste Grundlage hierfür gilt ihm die abgelegte »Matura«. Jedes Vergnügen versagt er sich; das Rauchen hat er aufgegeben, um die Mittel für das Studium aufbringen zu können. Und nun versagt der Junge. Der Vater ist maßlos enttäuscht, daß alle seine Entbehrungen und Anstrengungen erfolglos bleiben, und darüber erbittert, daß das Kind die gebrachten Opfer nicht begreift, sich nicht nur von ihm zurückzieht, sondern, wie er genau fühlt, ihn geradezu haßt.

Schon während der Unterredung mit dem Vater, noch ehe wir das Kind kennengelernt haben, klärt sich für uns die Situation dadurch, daß wir es richtig verstanden haben, ihn über sich selbst und seine eigene Kindheit zum Sprechen zu bringen. Er stammt aus einer Arbeiterfamilie, in der es sehr viel Hunger, aber doch ein glückliches Leben gab. Die Mutter war eine sonnige Natur, der Vater ein braver Mann, der Frau und Kinder sehr liebte, besonders ihn, den Ältesten. In der Volksschule war er immer der beste Schüler seiner Klasse. Er hatte keinen sehnlicheren Wunsch, als in das Gymnasium zu kommen. Gerade vor dem Eintritt in die Mittelschule starb der Vater, und nun kam schwere Not über die Familie. Alle seine Zukunftspläne mußte er aufgeben. Unter größten Entbehrungen besuchte er die Bürgerschule, die er auch wieder als Bester verließ. Schon eine Woche nach Schulschluß trat er in ein Fabrikunternehmen als jugendlicher Hilfsarbeiter ein, da die Familie auf seinen kärglichen Verdienst angewiesen war. »Nicht einmal ein Handwerk durfte ich lernen und hätte für mein Leben gern studiert.« So schloß der Vater diesen Teil seiner Mitteilungen.

Es ist unschwer zu verstehen, mit welchen Hoffnungen dieser Vater die Geburt seines Sohnes begrüßte und daß er sein Lebensinhalt wurde. Aber über all das hätte der Mann nicht gesprochen, wenn wir ihn nicht richtig erkannt und dazu gebracht hätten, soviel von sich selbst zu berichten. Wir verstehen auch, daß er durch das Versagen seines Sohnes sich um die letzte Hoffnung seines Lebens betrogen fühlt und außerstande ist, zur Kenntnis zu nehmen, daß die intellektuellen Fähigkeiten seines Kindes zur Verwirklichung seiner Pläne nicht ausreichen.

Ehe dieser Vater begreifen wird, daß »sein Sohn« nicht die Fortsetzung seines eigenen Seins ist, muß er oft zu uns kommen. Die einfache Feststellung dieser Tatsache, zu früh gebracht, würde er ebenso ablehnen, wie er die gewiß wiederholten, dahingehenden Bemerkungen der Lehrer seines Kindes nicht gehört hat. Bevor er nicht sein so affektbesetztes Lebensziel aufgegeben hat, kann er seinen Sohn nicht als selbständiges Lebewesen, das seine eigenen Wege gehen muß, sein eigenes Schicksal hat, neben sich leben lassen.

Dies zu erreichen, ist der erste Teil unserer Arbeit. Die Aufgabe ist nicht leicht zu bewältigen, erfordert viel Verständnis und Geduld. Keinesfalls ist zu versuchen, schon beim ersten Zusammensein eine stürmische Übertragung herzustellen. Sie soll ganz langsam werden, wir bleiben ganz auf den Vater eingestellt und bringen ihn dazu, daß er das schon Angeführte von sich erzählt. Wir zeigen ihm unser volles Interesse und teilen auch seine Auffassungen. Sind wir da und dort anderer Meinung, so vertreten wir sie erst später. In diesem Zeitpunkt irritieren wir ihn nicht etwa durch Widerspruch, vermeiden aber auch unbedingt, daß durch unser Benehmen ein Vater-Sohn-, oder Lehrer-Schüler-Verhältnis entsteht. Wir müssen erreichen, daß er sich vollwertig und neben uns gleichberechtigt, eher noch eine Spur über uns gestellt fühlt. Dadurch schaffen wir ihm Erlebnisse, die er immer gesucht und nie gefunden hat.

Erst wenn wir merken, daß durch diese Art unseres Benehmens der Vater gerne zu uns kommt, sich gerne bei uns ausspricht, die Übertragung wirksam geworden ist, ändern wir unser Verhalten und bringen den Vater jetzt unter geringeren Schwierigkeiten dazu, die Berechtigung des Kindes, sein Leben so ermöglicht zu bekommen, wie es seinen Bedürfnissen entspricht, zu verstehen und danach zu handeln. Am besten gelingt dies im steten Vergleichen mit seiner eigenen Kindheit.

Bei allen Fällen dieser Art kommt es zu Haßäußerungen gegen das Kind, manchmal zu recht argen. Diese Reaktion ist ganz normal und muß provoziert werden, wenn sie sich nicht von selbst einstellt, damit eine wirkliche Versöhnung des Vaters mit seinem Kinde angebahnt und die natürlichen normalen Liebesbeziehungen zu ihm entstehen können. Wir entlassen Vater und Sohn endgültig erst, wenn der Junge aus der Schule herausgenommen ist, einen ihm zusagenden Beruf gefunden hat und der Vater seine freigewordene Libido — wieder durch uns gelenkt — für eigene Interessengebiete verwendet.

Sind wir auf diesen Vatertypus einmal aufmerksam geworden, so merken wir erst, wie oft wir ihm in der Erziehungsberatung begegnen. Freilich nicht immer nur in der einen Situation; nicht realisierbare Jugendwünsche im eigenen Kinde auszuleben und dabei Schiffbruch zu erleiden. Nicht immer wird das eigene Kind zum Träger unerfüllter Hoffnungen. Manchmal bleibt eine Tendenz bestehen, doch noch ein Ziel für sich selbst, wenn auch auf einem Nebenwege zu erreichen.

Alle diese Väter waren auch begabte Kinder. Auch sie erhielten nicht die Schulbildung, die für ihr phantasiertes Ziel notwendig gewesen wäre, weil eigene neurotische Gebundenheit, verständnislose oder teilnahmslose Eltern oder wirtschaftliche Not als unüberwindliche Hindernisse entgegenstanden. In der Folge wurden sie in einen ihnen nicht zusagenden Beruf gedrängt, der sie natürlich unbefriedigt läßt, in dem sie auch ihr Geltungsbedürfnis nicht ausleben können. Ihr Interesse suchte daher andere, noch durch die sonstige psychische Konstellation bedingte Gebiete.

Hier soll wegen der Häufigkeit seines Vorkommens nur jener Vatertypus behandelt werden, bei dem das Geltungsbedürfnis im Vordergrund steht und er daher jene Kreise aufsucht, die ihm eine »Stellung« ohne geeichte Schulbildung zubilligen. Er ist in jeder neu auftauchenden Bewegung zu finden, arbeitet selbstlos, fleißig und begeistert mit; es muß nicht an erster oder in führender Stellung sein, aber sehen muß man ihn und anerkannt müssen seine Leistungen werden — sonst läuft er weg. Er ist wohl dann vorübergehend entrüstet, aber nicht enttäuscht oder gar verbittert, sondern fängt anderswo mit derselben Begeisterung wieder an, um vielleicht dasselbe Schicksal zu erleiden. So macht er es unentwegt weiter. Er ist im allgemeinen gern gesehen und beliebt, weil er niemand im Wege steht, manchmal wird er durch sein fortwährendes Drängen und seine Kritik unangenehm: es geht ihm zu langsam vorwärts, jeder arbeitet zu wenig, seine Umgebung ist zu eigennützig. Ist gerade keine Bewegung für ihn in erreichbarer Nähe, so lebt er sich in Vereinen aus. Der Zweck des Vereins ist nicht das Ausschlaggebende, ihn Verlockende. Er sucht ein Betätigungsfeld, das ihm die erträumte Anerkennung endlich bringen soll. Ein Vertreter dieses Typus, der gleichzeitig auch für sich selbst etwas erreichen will, ist häufig im politischen Leben zu finden.

Die Beurteilungen, die dieser Typus findet, sind entsprechend dem Standpunkt des Beobachters einander völlig entgegengesetzt. Immer ist er beschäftigt, immer sorgt er sich um andere, aber selten sind diese anderen seine nächsten Angehörigen. Innerhalb der Familie ist er unbrauchbar, außerhalb sehr geschätzt. Der Schwerpunkt seines Lebens liegt nicht innerhalb der Familie, und er weiß es gar nicht. Er ist überzeugt, der gute Mensch zu sein, der bewußt und absichtlich seine Familie nie vernachlässigt, er hat nur nie Zeit. Daß seine Angehörigen ihn auch für sich haben wollen, versteht er überhaupt nicht. Er tut doch alles für sie, und sie haben Anteil an den ihm werdenden Anerkennungen und Ehrungen. Der Mutter bürdet er die Last der Familienführung auf, ist mit allem einverstanden, was sie tut, sagt nie nein, nur darf sie ihn nicht in Anspruch nehmen. Sie muß alles mit sich allein abmachen, hat keine Stütze an ihm, ist vernachlässigt und kann sich doch nicht wehren, den Mann nicht verantwortlich machen; denn er tut ja wirklich alles, was er kann. Schuld sind die Verhältnisse. Damit bleibt der Zustand, wie er ist, die Kinder verwahrlosen, die Familie zerfällt.

Die Herstellung der Übertragung auf dem bekannten Weg stellt keine besonderen Anforderungen an den Erziehungsberater, ebensowenig Anstrengung erfordert die Loslösung. Aber was dazwischen liegt, die Behebung des Erziehungsnotstandes, ist langwierig und mißlingt, wenn wir den Vater nicht zur Umstellung seines Interesses bringen können. Die große Schwierigkeit liegt darin, daß der Vater verstandesmäßig allem beipflichtet, was der Erziehungsberater sagt, und auch bereit ist zu tun, was er von ihm verlangt. Da aber das affektive Interesse für das Kind fehlt, bringt er wohl Passivität, aber nicht die Kraft zur Aktivität auf, d. h. verlangen wir von ihm im Interesse des Kindes Unterlassungen, so ist er imstande, seine Ansprüche herabzusetzen. Aber zu aktiven Erziehungshandlungen ist er nicht fähig.

Häufigen Konfliktstoff geben heranwachsende Töchter, die in ihrem Drang nach Selbständigkeit die ihnen gezogenen engen

Grenzen überschreiten; daran gehindert, werden sie aggressiv. Die in der Erziehungsberatung vorsprechenden Eltern deuten dieses Verhalten jedesmal gleich und immer im selben Sinne: die Töchter suchen sexuelle Erlebnisse. In Wirklichkeit sind die Beweggründe so mannigfaltig, daß wir aus den bisherigen Erfahrungen der Erziehungsberatung noch nicht die Möglichkeit haben, alle Charaktertypen zu erkennen und erschöpfend zu beschreiben. In dieser vielseitigen Menge finden wir neben dem hemmungslosen, sehr triebhaften, innerfamiliär libidinös wenig gebundenen, das gehemmte, an die Familie stark fixierte Mädchen; neben dem psychisch intakten, problemlosen das lebenshungrige Wesen; alle noch weiter differenziert durch ein friedliches oder unfriedliches Elternhaus. Charakteristisch sind auch jene, die ihren Weg mit Überlegung zu gehen meinen, und die, welche Zugehörigkeit zur Familie leugnen, um »ihr eigenes Leben zu leben.«

Zur Herstellung der Übertragung der Eltern auf uns müssen wir diese einzelnen Typen nicht schon vom Anfang an unterscheiden können. Dies wird erst eine für die zweite Arbeitsphase erforderliche Bedingung. Aber die Reaktion der Eltern auf das Verhalten ihrer Töchter möglichst rasch und richtig zu erfassen, ist wichtig.

Betrachten wir dazu ein Beispiel:

Eine Mutter sucht bei uns Hilfe, weil ihre 15jährige Tochter abends nicht zu Hause bleiben will und oft erst nach Torsperre heimkommt, auf Vorhalte frech und trotzig wird und bei scharfen Entgegnungen so arge häusliche Szenen provoziert, daß sogar die Nachbarn darüber Beschwerde führen.

Aus dem Benehmen der Mutter, dem Inhalt ihrer Mitteilungen und der Art, wie sie vorgebracht werden, ist deutlich ihre große Erregung zu erkennen: sie hält ihre Tochter für mißraten und fürchtet ein nicht aufzuhaltendes Abgleiten. Sie weiß nicht mehr, was sie tun soll, um das Kind davor zu retten. Es fällt ihr nicht ein, darüber nachzudenken, ob etwa die häuslichen Verhältnisse oder andere, nicht im Kinde selbst liegende Ursachen dieses auffällige Benehmen bedingen. Sittsam muß ihre Tochter sein, die Nachbarn dürfen durch sie keinen Gesprächsstoff haben, sonst interessiert sie nichts.

Da wir in ihr sehr rasch wieder diesen Typus erkennen, den wir später nicht zum Agieren bringen wollen, sondern dem wir uns über seine kritische Instanz nähern, stellen wir sie als gleichberechtigt neben uns, anerkennen ihre Urteilsfähigkeit und gehen auf ihre Beurteilung der Sachlage ein. Wir hören ihr nicht nur verstehend zu, teilen restlos ihre Auffassung des Verhaltens der Tochter, sondern begreifen auch völlig ihre eigene verzweifelte Lage. Es wäre ganz unberechtigt, schon bei der ersten Begegnung zu versuchen, den objektiven

Tatbestand festzustellen. Der ist jetzt noch unwichtig; wichtig ist, der Mutter den Weg zur Übertragung freizumachen. Er wird aber nur frei, wenn wir ihre Affektausbrüche nicht hemmen und ihr beipflichten, daß sie in allem und jedem recht hat. Benehmen wir uns so, dann geht sie ganz aus sich heraus, und wir lernen sie auch genau kennen. Von Schilderungen ihres Alltags kommt sie auch zu Mitteilungen über die eigene Kindheit, und wir können berechtigt erwarten, daß wir auf die schon früher beschriebene Art zum gleichen Ergebnis kommen wie dort.

Im Verlauf mehrerer Zusammenkünfte haben wir nach und nach auch erfahren, wie es zu Hause wirklich aussieht: Streit, Zank und Lieblosigkeit schufen eine Atmosphäre, die es begreiflich macht, daß das heranwachsende Mädchen so wenig wie möglich zu Hause sein will und Anschluß an Altersgenossen sucht.

Von Anfang an war uns klar: Diese Mutter müssen wir dazu bringen, das häusliche Familienleben einmal mit den Augen der Tochter zu sehen, ehe wir uns erfolgreich bemühen können, ihr das Bedürfnis des Kindes begreiflich zu machen. Damit sie diesem durch ihr Verhalten auch entspricht, müssen wir im richtigen Zeitpunkt die geschaffene künstliche Situation so verändern, daß wir von da an als Anwalt des jungen Mädchens auftreten können, der dessen Rechte nach seiner Meinung vertritt.

c) *Die Inanspruchnahme des bewußten Ichs der Eltern*
Wesentlich andere Gesichtspunkte kommen für unser Verhalten in Frage, wenn wir es mit nicht-neurotischen Eltern zu tun haben. Die Anwendung einer besonderen Technik zur Einleitung einer gesteigerten Übertragung wird überflüssig, weil das Zusammensein von Anfang an in normalen Bahnen verläuft. Die Schaffung künstlicher Beziehungen fällt weg. Wir setzen uns vorwiegend mit dem bewußten Ich der Eltern auseinander und begnügen uns, in ein für unsere Zwecke ausreichendes Vertrauensverhältnis zu kommen. Dies erreichen wir gewöhnlich durch ein natürliches, affektloses, keinerlei Tendenzen enthaltendes Benehmen. Wir wollen ja auch nicht den andern in besondere Abhängigkeit zu uns bringen, noch uns ihm unterordnen; sowohl er als auch wir bleiben selbständige Persönlichkeiten. Daher hören wir der Schilderung des Erziehungsnotstandes mit Anteilnahme so zu, daß der andere deutlich merkt, verstanden zu werden, aber auch ohne gereizt zu werden erkennt, wenn wir seiner Meinung nicht zustimmen. In angenehm fließendem Gespräch — vielleicht durch Affektausbrüche der Eltern gegen das Kind manchmal unterbrochen — nehmen wir den Tatbestand zur Kenntnis, begnü-

gen uns hier aber auch nicht mit dem assoziativ gebrachten Material, sondern verlangen mehr, wenn uns etwas undeutlich geblieben ist; stellen uns daher weder so ein, wie den Eltern gegenüber, die wir zum Agieren bringen wollen, noch so wie zu jenen, in deren Über-Ich wir uns einfühlen, sondern regen schließlich noch einen Meinungsaustausch an, der ebenso sachlich geführt wird wie alles Bisherige.

In der Regel hören wir von Schwierigkeiten, die das Kind in der Schule hat, von aus der Familienkonstellation sich ergebendem schlechtem Verhalten oder von die Entwicklung wirklich gefährdenden, beunruhigenden Symptomen verschiedener Art. Die Eltern bringen zumeist sehr brauchbares Beobachtungsmaterial, das geordnet, überlegt, ergänzt durch Aussprachen mit dem Kinde ausreichende Anhaltspunkte für die Beratung gibt. Mit Vorschlägen, wie die Eltern sich verhalten sollen und wie das Kind zu Hause zu behandeln wäre, ist häufig unsere Arbeit beendet.

Die Beziehungen der Eltern zu uns sind ständig lose geblieben, und es hängt lediglich von uns ab, ob wir sie auch über die Beratung hinaus weiter bestehen lassen wollen. Wir lösen sie nicht, wenn wir über den Erfolg der Beratung unsicher sind. Dann kommen die Eltern gerne wieder, um uns mitzuteilen, wie gut es zu Hause, in der Schule geht, oder sie berichten, daß die erwartete Besserung nicht eingetreten ist. Sie bringen auch neues Beobachtungsmaterial mit, und wir arbeiten gemeinsam weiter, bis das erwartete Ziel erreicht ist.

Innerhalb dieses soeben behandelten Elterntypus gibt es eine kleine Gruppe besonderer Art. Die Eltern treten etwas unsicher, zurückhaltend, mehr oder weniger mißtrauisch, abwartend auf. Sie waren, ehe sie zu uns kamen, schon ergebnislos in anderen Erziehungsberatungen, sind von anderer psychologischer Schulmeinung oder gegen die Psychoanalyse beeinflußt und daher voreingenommen.

Ihnen gegenüber bleiben auch wir kühler, abwartend und geben eine reserviert-sachliche Haltung nur langsam auf. Wir stellen ihnen unsere Hilfe gerne zur Verfügung, vermeiden aber alles, was den Eindruck erwecken könnte, daß wir um sie werben. Auf eine Diskussion verschiedener psychologischer Meinungen lassen wir uns nicht ein: weder im allgemeinen, noch was die besondere Angelegenheit, die sie zu uns führt, betrifft. Wir unterlassen natürlich auch jede abfällige Kritik der psychologischen Auffassung anderer über den vorliegenden Erziehungsnotstand, loben unsere Methode nicht, selbst wenn wir dazu provoziert werden, weil wir wissen, daß gerade darin sich der Widerstand äußert. Oft behebt ihn eine unerwünschte, zustimmende Bemerkung. Wir machen auch keinerlei Zusagen über Behandlungsdauer und Erfolg. Im Gegenteil, wir zeigen an der sachlichen Erörterung des Problems, daß nur dilettantenhaftes Wissen und Können die Schwierigkeiten unterschätzt und leichtfertig Voraussagen macht.

Wir lehnen unsere Mitarbeit aber unbedingt ab, wenn wir schon beim ersten Zusammensein merken, daß die Beziehungen der Eltern zu uns nicht bis zu dem erforderlichen Minimum gediehen sind.

Nicht immer bekommen wir den Erziehungsnotstand richtig geschildert. Daß Eltern infolge ihrer neurotischen Beziehung zu ihrem Kinde in ihren Mitteilungen übertreiben, wissen wir schon, auch wie wir uns dazu stellen. Es kommt aber auch vor, daß der Sachverhalt absichtlich entstellt wird. Wir haben es dann mit bewußten Tendenzen der Eltern zu tun, mit denen wir uns zuerst auseinandersetzen, um dann zu entscheiden, ob wir an die Arbeit überhaupt herangehen und auf welchem der schon bekannten Wege wir die Eltern in Übertragungsbeziehungen zu uns bringen werden.

Bei den entstellenden Darstellungen des Sachverhaltes kommt es sowohl zu bewußten Übertreibungen als auch zu Abschwächungen und Verschleierungen; Wesentliches wird verheimlicht oder auch ganz verschwiegen.

Bei Abschwächungen und Verschleierungen ist der achtsame oder erfahrene Erziehungsberater kaum irrezuführen. Er merkt aus dem Benehmen und der Redeweise leicht die Absicht zu verkleinern, über Wesentliches flüchtig hinwegzukommen und namentlich bei Jugendlichen strafbare Delikte überhaupt nicht zu berühren. Für die Dauer einer Unterredung können die Eltern sich nur selten so verstellen, daß sie, vom Erziehungsberater — ihnen nicht merkbar — provoziert, nicht irgendwie aus der Rolle fallen. In einem solchen Moment bringt ein ganz offenes Wort des Erziehungsberaters die Befreiung von der ohnehin nur schwer ertragenen Spannung. Diese Eltern sind nur in ganz seltenen Fällen wirklich hinterhältig, vielleicht nur, wenn sie alle Kinder zu gesetzlich verbotener Arbeit verwenden oder betteln schicken. Sonst ergibt sich dieses geschilderte Verhalten aus Mißtrauen, Scham oder der Angst, dem Kinde zu schaden. Wir erinnern an den Zweck ihrer Vorsprache, machen sie, ohne sie einzuschüchtern oder zu verärgern, aufmerksam, daß unsere Hilfe nur möglich wird, wenn wir alles wissen, beruhigen sie mit der Bemerkung, daß wir weder Polizei- noch Gerichtsbeamte sind, daß unsere Aufgabe lediglich darin besteht, dem Kinde und ihnen zu helfen. So schwinden Mißtrauen, Scham und Angst, und wir haben weiter keine Schwierigkeiten mehr in der Bearbeitung dieser Fälle.

Irregeführt sind wir, wenn wir übertriebene Darstellungen für die Schilderungen des wirklich bestehenden Erziehungsnotstandes nehmen. Sehr unangenehm wird für uns die Situation, wenn wir zu spät merken, daß wir von den Eltern ganz bewußt und absichtlich hintergangen worden sind, weil sie uns für einen bestimmten Zweck mißbrauchen wollen. Alles bis dahin Geleistete war auf falschen Voraussetzungen aufgebaut und daher zwecklos. Wir laufen Gefahr, uns lächerlich zu machen, ziehen uns Feindschaft zu und schaden der Erziehungsberatung als Institution, wenn wir jetzt tun, was wir tun müssen, nämlich die weitere Mitarbeit ablehnen.

All das vermeiden wir, wenn wir den Mitteilungen der Eltern mit geschärftem Ohr folgen und durch vorsichtig abwartendes Benehmen sie veranlassen, durch immer gesteigertes Übertreiben uns zu überzeugen. Je übertriebener die Darstellung wird, desto leichter ist sie zu durchschauen.

Wir bemühen uns weder um das Zustandekommen von Beziehungen der Eltern zu uns, noch versuchen wir, ihnen das Kind verständlich zu machen. Erfahrungsgemäß bleiben alle dahingehenden Bestrebungen wirkungslos, weil andere Interessen stärker sind. Wir legen lediglich unseren Standpunkt, Anwalt des Kindes und sonst nichts zu sein, eindeutig, nicht mißzuverstehend fest, und überlassen es den Eltern, uns wirklich als Erziehungsberater anzuerkennen oder abzulehnen.

Mit solchen Fällen haben wir zu tun, wenn Eltern ihre Kinder aus wirtschaftlicher Not anderweitig versorgt haben wollen oder wenn ihnen die Kinder sonst irgendwie im Wege stehen: Witwer beabsichtigen, wieder zu heiraten, und der zukünftige Ehepartner lehnt die Kinder aus erster Ehe ab; eine zweite Ehe ist der Stiefkinder wegen unhaltbar geworden. Auch versuchen bereits geschiedene oder in Scheidung begriffene Eltern, uns »im Kampf um das Kind« zu täuschen, um uns für ihre Sonderinteressen zu gebrauchen. Wir müssen wissen, daß dieser oft mit der größten Rücksichtslosigkeit und Brutalität geführte Kampf in Wirklichkeit nicht dem Wohle des Kindes gilt, sondern nur bezweckt, den andern Elternteil empfindlich zu treffen.

4. Gelegentliche analytische Hilfeleistung während der Beratung

Es gibt in der Erziehungsberatung auch Situationen, bei denen es nicht genügt, daß wir uns als Ersatz und Übertragungsobjekt in die libidinöse Struktur einer Familie einfügen, die Eltern zum Agieren veranlassen oder uns mit ihren bewußten Tendenzen auseinandersetzen, sondern bei denen es noch notwendig wird, uns mit wirklich analytischer Hilfeleistung, mit Bewußtmachung und Deutung der Konflikte der Eltern zu beschäftigen; also noch anderes und noch mehr zu leisten als in den bisher geschilderten Fällen. Was der Erziehungsberater in der »psychoanalytischen Erziehungsberatung« dazu braucht, weiß er von der Analyse der Neurosen. Wir erwähnen hier nur einige typische Fälle, um dem Erziehungsberater anzudeuten, welche Erziehungsnotstände in dieses Gebiet fallen, und um ihn damit aufmerksam zu machen, sich bietende Gelegenheiten nicht zu versäumen.

Am meisten zu schaffen macht uns in dieser Beziehung die Eifersucht der Eltern, die wir bei Vater und Mutter auf den Erziehungsberater oder auf die Kinder gerichtet finden. Wir wissen, daß oft beim ersten Ansehen nicht zu entscheiden ist, wie weit es sich dabei um Reaktionen handelt, die dem natürlichen menschlichen Leben angehören, oder wie weit wir auf die Abkömmlinge von durch uns nicht mehr zu bewältigenden paranoischen Zuständen stoßen. Trotz dieser Möglichkeit gehen wir den Erziehungsnotständen, die auch auf dieser Basis erwachsen könnten, nicht aus dem Wege.

Was wir davon in der Erziehungsberatung an Alltagssituationen am häufigsten zu sehen bekommen, sind beispielsweise:

Väter, die das eigene Kind mit ihrer Eifersucht verfolgen. Diese Tendenz verschärft sich außerordentlich, wenn das Kind von der Mutter wirklich mehr geliebt wird oder infolge seiner Veranlagung Aussicht hat, im Leben mehr zu erreichen, als dem Vater zu erreichen gelungen ist. Zu den schwerwiegendsten Konflikten mit dem Kinde und daher zu besonders argen Erziehungsnotständen führt es, wenn die Mutter diese Eifersucht des Mannes nicht bewußt wird oder sie absichtlich dem Vater nicht den ersten Platz in der Familie einräumt; denn dann verfolgt er geradezu das Kind.

Mütter, die auf die eigene, heranwachsende Tochter dem leiblichen Vater oder noch häufiger dem Stiefvater des Kindes gegenüber eifersüchtig sind. In der Regel können diese Mütter das Schwinden der eigenen Weiblichkeit nicht verwinden, klammern sich ganz abnorm an den Mann, engen seine Bewegungsfreiheit übermäßig ein, verwehren ihm oft jedes liebevolle Wort mit dem Kinde, beobachten argwöhnisch jede Geste der beiden und entladen das ganze Unbefriedigtsein auf die Tochter, die dadurch natürlich sich noch mehr zum Vater oder Stiefvater hingezogen fühlt. So steigert sich das Zusammensein bis zur Unerträglichkeit, weil ja auch das Mädchen der Mutter gegenüber immer unleidlicher wird und jede Gelegenheit benützt, sich der häuslichen Atmosphäre zu entziehen; dadurch wird es auch im Sinne der Verwahrlosung gefährdet.

Stiefmütter, die in bewußter Vernunft auf ein eigenes Kind verzichten, um dem Kinde aus der ersten Ehe des Mannes ihre ganze Sorgfalt zuwenden zu können, und jetzt in nicht immer erkannter Eifersucht die Rechte des eigenen ungeborenen Kindes gegen das fremde vertreten. Das bewußte liebevolle Verhalten der Mutter äußert sich in einer so übermäßigen Beanspruchung des Kindes, daß dieses die unbewußte Absicht fühlt, entgegengesetzt als erwartet darauf reagiert und damit ungewollt immer erhöhtere Liebesbeweise hervorruft. Stiefmutter und Kind verstehen einander nicht. Der Vater steht hilflos zwischen den beiden geliebten Personen, ist bei häuslichen Konflikten so unsicher, daß er in seiner Parteinahme fortwährend wechselt, schließlich von beiden mißverstanden und von beiden als parteiisch abgelehnt wird. Das Endergebnis ist ein Erziehungsnotstand, den die Mutter lediglich durch das Kind verursacht, das Kind nur durch die Mutter verschuldet empfindet.

Stiefmütter, die auf die verstorbene erste Frau des Mannes eifersüchtig sind, weil deren Bild Mann und Stiefkinder ihr in Wirklichkeit oder nur ihrer Vermutung nach ständig vorziehen.

Erziehungsnotstände ergeben sich aus diesen Konstellationen gewöhnlich dadurch, daß Bilder oder persönliches Eigentum der Verstorbenen aus Unachtsamkeit oder wirklicher Pietät zurückgehalten und mehr gewürdigt werden, als die Stiefmutter ertragen kann. Ihr zuerst liebevolles oder energisches Bestreben, an die ihr und nicht der Verstorbenen gebührende Stelle zu kommen, führt nicht sofort zu dem gewünschten Erfolg. Ihr Bemühen bekommt zu früh – ehe noch Mann und Kinder aus inneren Gründen auf ihren Wunsch eingehen können – eine feindliche Tönung. Die Familienangehörigen können dafür kein Verständnis aufbringen, werden gereizt, und das Verlangen der Stiefmutter wird abgelehnt. Damit ist die kritische Situation schon geschaffen, die sich von da ab immer mehr verstärkt und zu den nun nicht mehr vermeidbaren Konflikten führt, als deren Ergebnis der Erziehungsnotstand erwächst.

Das Stiefmutterproblem tritt uns in der Erziehungsberatung in so vielgestaltigen Formen entgegen, daß es sich später einmal lohnen wird, das gesammelte Material analytisch zu erforschen. Für unsere vorliegende Absicht genügt die Feststellung, daß das Familienleben relativ viel weniger konfliktvoll verläuft, wenn auch in der zweiten Ehe des Mannes Kinder geboren werden, als wenn die Stiefmutter eigene Kinder mitbringt, auf Kinder verzichtet oder Kinder, obwohl sie gewünscht werden, ausbleiben. Es scheint, daß bei dieser Konstellation die Beziehungen zum Ehemann das Kind mit Naturnotwendigkeiten fordern und daß Störungen entstehen, die sich unaufhaltsam in den Stiefkindern ausleben, wenn diesem elementaren, unbewußten Bedürfnis nicht entsprochen wird. Die stärksten, dagegen gerichteten bewußten Tendenzen vermögen erfahrungsgemäß nichts auszurichten.

So viel auch über »böse Stiefmütter« gesprochen und geschrieben wird, in Wirklichkeit kommen sie nicht öfter vor als schlechte Mütter. Was die Schaffung dieses Begriffes ermöglichte, sind nur mißdeutete Äußerungen unbewußter Konflikte anderer Art.

Durch verhältnismäßig wenig Deutungsarbeit ist in zwei typischen Fällen die Ursache des Erziehungsnotstandes aufzudecken. In beiden Fällen leben Mütter ihre gestörten Liebesbeziehungen zum Vater ihres Kindes, ihnen nicht bewußt, im Kinde selbst aus.

Ein schwangeres Mädchen heiratet den Kindesvater nur aus rationalisierten praktischen oder moralischen Motiven, trotzdem er ihr gleichgültig geworden ist oder sie sich ihm entfremdet hat. Sein Kind ist nicht mehr das ersehnte Glück, auch nicht die Erfüllung einer unbewußten Phantasie — was auch vorkommt, aber oft zu Störungen anderer Art führt —, sondern wird als unangenehme Last empfunden, als eine Pflicht, die nur widerwillig erfüllt werden könnte, wenn die Abneigung gegen das Kind bewußt würde. Infolge der Verdrängung ergeben sich Liebesäußerungen, die das Kind zu einer Fehlentwicklung zwingen, weil sie von unbewußter Lieblosigkeit diktiert, vom Kinde richtig empfunden werden.

Eine außereheliche Kindesmutter wird vom Kindesvater verlassen, heiratet einen anderen Mann und nimmt das Kind in die Ehe mit. Die Ehe selbst bleibt kinderlos. Der Mann liebt sie und auch das Kind sehr zärtlich, und auch sie ist überzeugt, den Mann sehr gern zu haben, wenn sie auch durch ihn nicht die Erfüllung tiefster Erlebnisse erwartet. Über die vielen Unstimmigkeiten in der Familie, die sich sowohl mit dem Mann als auch mit dem Kinde ergeben, ist sie erstaunt. Obwohl der Mann immer wieder ausgleicht und nachgibt und sie selbst sich bemüht, keine Anlässe zu Mißhelligkeiten zu geben, hören die Streitigkeiten nicht auf, sondern steigern sich. Das Kind ist ihr das Wichtigste, und doch behandelt sie es oft schlecht, ihr unerklärlich und sie erschreckend. Sie weiß nicht, warum ihr das Kind so »auf die Nerven geht«.

Diese Frau hat die Liebesbeziehungen zum Vater ihres Kindes nur weggeschoben, sie aber nicht wirklich lösen können. Sie lebt ihre Ambivalenz zum verschwundenen Liebesobjekt nun ständig in der Ehe, mit dem Mann und dem Kinde aus. Sie gefährdet damit ihre Ehe, zerstört das Familienleben und auch die Zukunft des Kindes.

Zwei andere Fälle: Die Familie mit der sich deklassiert fühlenden Mutter. Das junge Mädchen heiratet den sozial unter ihr stehenden Mann. Nach Aufhören der Sexualüberschätzung sieht sie sich zuerst mit Unbehagen, dann mit wachsender Unlust an den ihr nicht entsprechenden Mann gebunden. Sie behandelt ihn geringschätzig, wird unzufrieden und unglücklich, weil ihr Erleben auf kein Verständnis trifft. Er ist in einer ähnlichen Situation. Aus einer anderen sozialen Schicht kommend, sind seine Einstellung zum Leben, seine Gewohnheiten, seine Äußerungsformen, die Art der Befriedigung seiner Bedürfnisse von den ihren vollkommen verschieden. Die Ehe gestaltet sich zum Schaden der heranwachsenden Kinder unglücklich. Es ist sehr fraglich, ob in solchen Situationen die Deutungsarbeit den Erziehungsnotstand beheben kann, oder ob nur tiefergehende analytische Arbeit eine Lösung bringt.

Die Familie mit der ehrgeizigen Mutter. Ein begabtes, selbstbewußtes Mädchen heiratet frühzeitig einen fähigen, aber wenig tatkräftigen Mann. Sie erlebt, daß seine Position die von ihr erträumte nicht erreicht, weil er sich nicht genügend durchsetzen kann. Nun wird sie aktiv, kümmert sich um seine Berufsangelegenheiten, macht Vorschläge, gibt Aufträge und drängt ununterbrochen, ohne zu merken, daß der Mann dadurch noch passiver und immer unfähiger wird, den gewöhnlichen Anforderungen seines Berufes zu genügen. Mit demselben Eifer nimmt sie sich der Entwicklung der Kinder an und schwankt in der Beurteilung der Fähigkeiten von Vater oder Kind und der realen äußeren Situationen. An den Mißerfolgen schuld ist für sie nicht immer die Unfähigkeit der Familienangehörigen, sondern sehr oft auch die Mißgunst oder Gehässigkeit der anderen. Die Tatkraft und Ruhelosigkeit dieser Mutter lähmt jede Entwicklungsmöglichkeit der Kinder, reizt den Mann zum Widerstand oder bringt ihn zur Resignation. Diese Kinder werden wegen neurotischer Erkrankungen und schlechter Schulerfolge in die Erziehungsberatung gebracht.

In allen bisher erwähnten Fällen, mit Ausnahme dieser letzten, wurde auch gezeigt, wie sie in der Erziehungsberatung zu bearbeiten sind. Für diese letzte Gruppe haben wir dem analytisch gebildeten Erziehungsberater nichts zu sagen. Er weiß aus der bei der Neurosenbehandlung gewonnenen Erfahrung, wie die Übertragung herzustellen und wieder zu lösen ist, wie unbewußtes Material bewußt gemacht und gedeutet wird. Daher konnten wir uns auch auf die Darstellung des zentralen Familienkonfliktes beschränken, da dieser auch in seinen verschiedenen Formen dem Analytiker sofort als ein Durchbruch des Verdrängten erkennbar wird.

Wir machten auch die Erfahrung, daß manchmal Erziehungsnotstände mit einem einmaligen Besuch in der Erziehungsberatung verschwunden waren. Es gab keine besonderen Schwierigkeiten mehr mit den Kindern, und auch die häuslichen Konflikte schienen behoben zu sein. Erkundigungen nach Jahren bestätigten diesen Erfolg. Wenn wir auch wissen, daß mit einer einzigen Aussprache eine Ausheilung im Sinne der Analyse nicht erreicht worden sein konnte, gaben wir uns mit solchen positiven Ergebnissen doch zufrieden; denn nur die wenigsten der zu uns kommenden Störungen können einer Analyse zugeführt werden.

Diese Fälle zogen lange Zeit unsere Aufmerksamkeit nicht auf sich, da wir von dem günstigen Resultat erst durch die späteren Besuche in den Familien erfuhren. Wir waren vielmehr der Meinung, daß die Eltern aus irgendeiner uns unbekannten Ursache, unzufrieden mit uns, ein zweites Mal nicht kommen wollten. Erst später versuchten wir, uns diese durch die eine relativ kurze Unterredung erfolgte, gewiß überraschende Dauerwirkung zu erklären.

Eine solche Unterredung genau zu schildern, wäre uninteressant und zwecklos, weil inhaltlich dabei nicht viel vorgeht. Das Wesentliche besteht in anderem; der Erziehungsberater faßt den Redefluß der Partei wie immer als freie Assoziation auf, sieht daneben das Kind mit seinen Konflikten und gleichzeitig auch das elterliche Benehmen, aber nur als eine Folgeerscheinung eigener Kindheitserlebnisse. Bei Beurteilung der Eltern ist ihm der Inhalt infantiler Konflikte unwesentlich, wichtig aber ist ihm das daraus entstandene unbewußte Verhältnis zu ihren eigenen Eltern, und wie sie dieses nun als Erwachsene infolge des Wiederholungszwanges ständig mit ihren Kindern ausleben.

Um so arbeiten zu können, bedarf es schon jener Erfahrung, die es möglich macht, die Menschen — ohne ihre individuellen Konflikte zu kennen — gewissen Typen ungefähr zuzuordnen. Vermag der Erziehungsberater dadurch für sich den richtigen Sachverhalt festzustellen, dann wird er durch eine indirekte Frage den verdrängten Affekten der Erziehungsperson die Abfuhr auf dem bisherigen Wege sperren.

Ein Beispiel wird diesen Arbeitsvorgang verdeutlichen: in einer Familie ist das Zusammenleben durch immer wiederkehrendes brutales Benehmen des Vaters empfindlich gestört. Im Heranwachsen lehnt ihn seine stark an ihn gebundene Tochter deswegen immer mehr ab. Sie selbst beherrscht sich sehr; denn am ärgsten sind ihr brutale Äußerungen, von wem immer sie kommen. Sie benimmt sich zuerst ganz bewußt entgegengesetzt wie der Vater, später ohne darüber nachzudenken. Nur weiß sie nicht, daß der »brutale Vater« in ihr lebt und durchdringt, wenn sie ihre Affekte nicht mehr unter intellektueller Kontrolle halten kann. Verheiratet, dem eigenen Kinde gegenüber wird diese psychische Konstellation eines so herangewachsenen Mädchens verhängnisvoll; denn ihr Verhalten verläuft so kontrastvoll, daß das Kind geschädigt werden muß. Phasen unerhörter Zärtlichkeit werden, wenn die Mutter sich ärgert, ganz plötzlich durch größte, dem Kinde unverständliche Brutalität abgelöst. Aus der Abwehr und den Reaktionen der Mutter darauf entstehen die ärgsten Erziehungsschwierigkeiten.

Aus den Mitteilungen der Mutter sieht der Erziehungsberater die eben geschilderten Zusammenhänge und stellt im richtigen Augenblick anscheinend nur nebenbei und ganz unauffällig die Frage: »War Ihr Vater ein sehr brutaler Mann?« Damit ist die beabsichtigte, nachhaltig wirkende Reaktion der Mutter hervorgerufen, der dauernde Erfolg erzielt und die Arbeit des Erziehungsberaters auch beendet.

Was geht in der Mutter in diesem Moment vor? Da bisher vom eigenen Vater kein Wort gesprochen worden war, bewundert das Ich dieser Frau die Allwissenheit des Erziehungsberaters, die sich dann natürlich auch auf alles erstreckt, was ihren ganzen Menschen betrifft. Das Ich ist getäuscht, die Übertragung erhöht sich, und der Erziehungsberater wird zum bewunderten, aber auch zum gefürchteten Magier. Da die Frage im Zusammenhang mit dem Berichte über die Erziehungsschwierigkeiten erfolgte, wird das Über-Ich gewarnt: »Was dein Ich tut, hat mit deinen libidinösen Beziehungen zu deinem Vater zu tun, den du ja ablehnst.« Dem Es ist damit die jedesmal explosionsartige Abfuhr gesperrt.

Aus unserer analytischen Erfahrung heraus muß es uns höchst sonderbar vorkommen, daß eine einzige Frage so nachhaltige Wirkungen erzielen kann, da uns doch die tägliche Erfahrung zeigt, daß monatelange Arbeit erforderlich ist, um dem Es einen geänderten Weg der Abfuhr zu eröffnen. Die Wirkung wird uns aber verständlich, wenn wir bedenken, was eingetreten wäre, wenn wir der Mutter das Verhalten zum Kinde gedeutet und versucht hätten, ihr das bewußt zu machen, was uns bewußt war. Damit wäre die ganze Kritik des Ichs und seine Widerstände geweckt worden und eine Kampfsituation zwischen der Mutter und uns entstanden, deren Beseitigung dann tatsächlich eine monatelange Arbeit erfordert hätte, wenn die Mutter überhaupt noch ein zweitesmal in der Erziehungsberatung erschienen wäre.

Der Erfolg scheint wirklich darin zu liegen, daß es gelungen war, das Ich zu warnen. Vermutlich steigern wir dadurch seine Abwehr gegen das Unbewußte und verlegen den bis dahin freien Weg der Entladung. Es ist wahrscheinlich, daß die Mutter sich das Symptom der brutalen Ausbrüche, gezwungen durch unser Verhalten, durch irgendein anderes ersetzen wird. Das stört uns aber wenig, wenn überhaupt. Uns kommt es vor allem darauf an, das zu beseitigen, was im Augenblicke zum Schaden für die Entwicklung des Kindes geworden war.

Merken wir uns aus diesem Falle ein für bestimmte Situationen gültiges allgemeines Prinzip für die Technik der Erziehungsberatung: Was wir wissen wollen, indirekt zu fragen, wodurch wir das Ich in einen Spannungszustand versetzen, mit dem es sich aber nicht auseinandersetzen kann, dem es nur entgeht durch Vermeidung der kritischen Situation, oder indem es so agieren muß, wie wir es wollen.

Eine ganz ähnliche Fragestellung empfiehlt sich auch dann, wenn der in der Erziehungsberatung vorsprechende Elternteil den im Mittelpunkt des Familienlebens stehenden Konflikt selbst verursacht, und anzunehmen ist, daß durch sein vollständig geändertes Verhalten zu Hause das Zusammenleben reibungsloser verläuft. Dieses geänderte Verhalten wird der Erziehungsberater nur dann provozieren, wenn er aus dem während des Gespräches gewonnenen Eindruck überzeugt ist, daß die in Frage kommende Person auch die innere Möglichkeit zu einer so weitgehenden Umstellung besitzt.

Welch tiefgehende Wirkungen so hervorgerufen werden können, zeigt ein Fall, bei dem eine Frau ihren Mann in der Erziehungsberatung wegen strafbarer Beziehungen zu seiner leiblichen Tochter anzeigt. Der Erziehungsberater erkennt, daß der manifeste Inzest des Mannes nur durch das Verhalten der Frau verursacht wird, geht nicht mit einer Strafanzeige vor, sondern schafft in einem Gespräch mit der Frau in ihr eine solche innere Situation, daß ihr Mann dadurch in eine normale geschlechtliche Beziehung zu ihr kommen kann und die unnatürlichen Bindungen zur Tochter aufgibt.

In ganz besonderen Ausnahmefällen genügt eine einzige *direkte* Frage, um den Konflikt zu lösen[5]. Für diese Art des Vorgehens sind aber nicht alle Situationen, in denen ein Tatbestand unwahr dargestellt wird, geeignet. Nur wenn dabei deutlich wahrnehmbar, bewußtes Schuldgefühl oder depressives Verhalten in Erscheinung treten, werden wir auf diese Möglichkeit aufmerksam. In diesem Moment wissen wir noch nicht sicher, ob uns die Wahrheit wirklich vorenthalten wird, wir können vielleicht nicht einmal vermuten, daß Ursache besteht, uns anzulügen. Wir werden daher vorsichtig eine umfassende, sehr in Einzelheiten gehende Darstellung des aku-

[5] Siehe oben S. 54 ff.

ten Konfliktes provozieren. Der mit etwas Spürsinn begabte Erziehungsberater wird sehr bald auf den Mittelpunkt des Problems und damit auch auf die wirkliche oder nur durch das eigene Über-Ich unter Strafsanktion gestellte Tat schließen können und im geeigneten Augenblick durch die direkte Frage den »Volltreffer« mit dem unmittelbar darauf folgenden Geständnis erzielen.

Der Erziehungsberater, dem diese spezifische Begabung nicht eigen ist, wird verzichten müssen, Fälle auf die eben angegebene Art aufzuhellen; ein am Ziel-vorbei-Schießen macht ihn unmöglich und kann auch Unheil anrichten.

B) Erziehungsberater und Kinder

1. Die Herstellung der positiven Übertragung im allgemeinen

In der vorbereitenden Phase ist die positive Übertragung der Eltern wichtiger als die des Kindes. Die Behebung des Erziehungsnotstandes, soweit er durch das Kind selbst bedingt ist, kann aber so wie jede andere Erziehungsarbeit erst dann beginnen, wenn bereits stärkere Gefühlsbeziehungen zum Erzieher bestehen.

In der Erziehungsberatung widmen wir uns daher im gegebenen Zeitpunkt dem Kinde mehr, als wir es bis dahin getan haben, ziehen seine Aufmerksamkeit mehr auf uns und bemühen uns, seine schon bestehenden Beziehungen bis zu dem erforderlichen Ausmaße zu steigern. Dieses Bemühen würde auf keine besonderen Schwierigkeiten stoßen, wenn die Kinder aus intakten Familien, mit geringen Störungen im Aufbau ihrer eigenen Libido-Organisation zu uns kämen. Es genügte eine nicht besonders betonte, wohlwollende Aktivität, jenes auf seine Triebansprüche zuwartende Benehmen, das dem Kinde von den Eltern her bekannt ist und wohltuend empfunden wird.

Es gibt aber kaum ein verwahrlostes Kind, das aus einem geordneten Familienleben kommt, so oft es, von außen gesehen, auch diesen Eindruck hervorruft.

Wie schädigend die Familie mit ihrer oftmals ganz übermäßigen Beanspruchung des Kindes und ihrem Übermaß an Versagung werden kann, ergibt sich wohl schon zur Genüge aus den bisher angeführten Beispielen.

Und doch gibt es ähnliche und noch viel schädigendere Familienkonstellationen als die besprochenen, in denen das Kind akute Konflikte in realitäts-angepaßter und ich-gerechter Weise zu lösen vermag, sich normal entwickelt und nicht verwahrlost. Die abwegige Entwicklung ergibt sich erst, wenn noch ein zweites Moment das Heranwachsen des Kindes ungünstig beeinflußt, wenn das Kind aus innerem Gestörtsein keinen es befriedigenden Ausgleich mit den Forderungen der Außenwelt und den Ansprüchen des eigenen Ichs mehr findet, diese untereinander unvereinbar geworden sind.

Das Studium der Verwahrlosung hat uns die Einsicht gewinnen lassen, daß bei jedem verwahrlosten Kind schon das frühkindliche Liebesleben gestört verläuft: die Beziehungen zu den Eltern sind irgendwie abnorm geworden; die ursprünglich das Verhältnis der Kinder untereinander trübende Konkurrenzneigung wurde nicht unter dem Druck der gleichen Zuneigung zu den Eltern in richtige Geschwisterliebe umgewandelt. Außerdem erlebte das Kind immer wieder Enttäuschungen aus nicht befriedigtem Liebesbedürfnis und infolge nicht ertragbarer Versagungen.

Hier wieder eine Bemerkung für den Erziehungsberater. Es erscheint uns nun, nach noch längerer Arbeit mit den Verwahrlosten wichtig, aus der Gruppe jener, die verwahrlosten, weil sie unter zu geringem Erziehungsdruck standen, einen Typus auszuscheiden.

Es gibt wenige Kinder, die wahrscheinlich infolge sehr früher, übermäßiger Partialtrieb-Fixierung auch auf das in der Erziehung unvermeidliche Minimum an Versagung so stark reagieren wie andere auf ein wirkliches Übermaß.

Erziehungspersonen ähnlicher Struktur, die die psychische Situation des Kindes gefühlsmäßig richtig erfassen, versuchen, ihr durch Verminderung des Erziehungsdruckes Rechnung zu tragen, und das Kind verwahrlost.

Von der Umgebung aus gesehen, erscheint es, daß diese Fehlentwicklung auf zu geringe Triebeinschränkung, auf im Übermaß ausgelebte Triebwünsche zurückzuführen ist. Das ungehemmte Ausleben hat in fortwährenden Zusammenstößen mit der Realität jene inneren Konflikte hervorgerufen, die das Kind auf die abwegige Bahn gebracht haben.

In Wirklichkeit aber ist für dieses Kind subjektiv jedes Gewähren noch immer viel zu wenig, so daß auch dieser Typus an einem Zuviel an Versagung leidet.

Die fortwährenden Enttäuschungen und die Unmöglichkeit, die daraus entstehenden, inneren Konflikte zu bewältigen, lassen die Einregulierung der libidinösen Strebungen immer wieder mißlingen; ein wichtiger Teil der Vorbereitung für das spätere Leben entfällt. Es kommt daher auch nicht zu jenen objektlibidinösen Besetzungen, die in ihrer späteren, fortwährenden Wiederholung zu den Beziehungen führen, die vom Gesellschaftsideal als normal anerkannt werden. Auch die libidinösen Erwartungsvorstellungen weichen vom normalen Ausmaße so weit ab, daß die größte Unsicherheit in den Beziehungen zu den Nebenmenschen bestehen bleibt, die auch in bestimmten Fällen — durch eine Rücknahme der Libido in das eigene Ich — gestört werden.

Mit dieser, durch endogene und exogene Faktoren bedingten, mehr oder weniger geschädigten Gesamtpersönlichkeit kommen alle diese Kinder in die Erziehungsberatung.

Wir erwähnten schon, daß der psychoanalytisch geschulte Erziehungsberater ohne weiteres erkennt, ob der vorliegende Erziehungsnotstand durch eine Kinder-Neurose oder -Psychose bedingt ist, daß er dann auch weiß, wie er sich zu benehmen und was er zu veranlassen hat und daß es für die reich differenzierten Formen der Verwahrlosungsäußerungen noch keine Zusammenfassung streng abgegrenzter Zustandsbilder, also keine Symptomatologie gibt. Wir kennen auch die Ursachen der Verwahrlosung erst ihrer allgemeinen Natur nach, sind kaum schon dabei, ursächliche Zusammenhänge in ihren Einzelheiten zu ergründen und noch weit davon entfernt, ätiologische Momente systematisch zusammenzutragen.

Wir sind daher aus der Art der Verwahrlosungsäußerungen heute vielleicht imstande, allgemeine Schlußfolgerungen zu ziehen, aber nicht in der Lage, genau anzugeben, aus welchen besonderen Störungen des kindlichen Liebeslebens und aus welchen besonderen Reaktionsbildungen auf die Versagungen die jeweils vorliegende, latente Verwahrlosung vorgebildet und durch welchen bestimmten Anlaß sie manifest werden mußte.

Auch wenn diese Probleme gelöst sein werden, lassen sich noch immer nicht für jeden einzelnen Erziehungsnotstand gültige Regeln zur Herstellung der Übertragung aufstellen; erst dann kann jenes Studium beginnen, das den Erziehungsberater befähigt, sich dem Kinde in seinen einzelnen Entwicklungsstufen gegenüber planmäßig richtig zu benehmen. Ist er endlich so weit gekommen, so hat er immer noch die besondere Situation des Kindes in der Erziehungsberatung zu berücksichtigen: die Kinder kommen nicht freiwillig; sie werden von den Eltern in die Erziehungsberatung gezwungen, oft mit Absicht eingeschüchtert gebracht und wir selbst wenden, aus schon behandelten Gründen, unsere Aufmerksamkeit nicht zuerst den Kindern, sondern den Eltern zu.

Es ist daher unschwer zu verstehen, daß alle unsere Angaben über die Technik zur Herstellung der Übertragung nur ganz allgemeiner Natur sein können.

Die Arbeit, Kinder und Jugendliche zu uns in positive Gefühlsbeziehungen zu bringen, gestaltet sich schwieriger als bei den Eltern.

Die Eltern kommen überzeugt, daß sie für die Kinder immer nur das Beste gewollt und getan haben, ja vielfach, daß sie sich für sie aufopfern und nun statt Freude an braven, folgsamen, dankbaren Kindern zu erleben, mit ihnen nichts als Sorgen, Mühe und Plage haben; sie fühlen sich von den Kindern mißverstanden, gekränkt, beeinträchtigt, schlecht behandelt, geschädigt. Sie sind machtlos geworden und brauchen unsere Hilfe. Ihre bewußte Einstellung zu uns ist daher niemals eine ablehnende; sie sind in der psychischen Verfassung, eine positive Übertragung herzustellen.

Dadurch unterscheidet sich die Anfangssituation bei der ersten Begegnung mit den Kindern wesentlich von der mit den Eltern. Sind die Verwahrlosten verängstigt und eingeschüchtert worden, dann sehen sie in uns das Werkzeug der Eltern und lehnen uns ab; kaum merkbar oder offensichtlich unliebenswürdig; trotzig, mit Weinen oder leichtem Ansatz von Aggression; dem Entwicklungsalter, der vorhandenen psychischen Situation und dem Milieu angepaßt, dem sie entstammen; manchmal interessieren wir sie auch überhaupt nicht; sie sind gelangweilt, schwierig zum Sprechen zu bringen und zeigen uns unverkennbar, daß sie lieber schon wieder fort wären; manchmal kommen sie als die »Gescheiten«, vornehm überlegen Tuenden, immer bereit, uns zu imponieren. Die ganze Skala der Möglichkeiten kindlichen und gewollt erwachsenen Benehmens rollt vor uns ab. In der Regel versuchen sie aber auch zu verbergen, wie sie in Wirklichkeit sind: sie verstellen sich und lügen, sind dabei geschickt und ungeschickt: oft läppisch sofort erkennbar, nicht selten aber so raffiniert gescheit, daß wir nicht immer sofort hinter ihre Maske kommen können.

Dieses Verhalten versteht sich aber leicht; wir sind für sie als die Repräsentanten der Gesellschaft ihre Gegner und nicht die, von denen sie Hilfe erwarten. Diesen Irrtum erkennen sie erst viel später. Daher dürfen sie sich vor uns keine Blößen geben; äußerste Vorsicht ist am Platze. In der Täuschung des Gegners liegt die Stärke des Verwahrlosten. Deswegen sind die ganz Gefährlichen auch so bescheiden unterwürfig, gleißend freundlich und überfließend von angeblicher Aufrichtigkeit.

Es ist für den Erfolg unserer Arbeit in der Erziehungsberatung ausschlaggebend, daß wir das jeweils gezeigte Benehmen des Kindes sofort richtig deuten, weil es wichtig ist, daß die Übertragung rasch, wenn möglich schon bei der ersten Zusammenkunft gelingt. Wir haben oft nach der ersten oder nach wenigen Unterredungen irgendwelche Maßnahmen zu treffen und sind daher in einer Zwangslage. Es muß rasche Arbeit geleistet werden, deswegen ist es nicht gleichgültig, wie lange wir brauchen, uns die Grundlagen hierfür zu gewinnen. Dazu ist vor allem wieder jene Erfahrung erforderlich, die das Kind richtig einschätzen lehrt, auch wenn es uns durch unaufrichtiges, verstelltes Benehmen irrezuführen versucht; denn erst, wenn wir es in seinem wahren Wesen wirklich erkannt haben, kann das Bemühen, abhängige Gefühlsbeziehungen zu uns herzustellen, beginnen.

Wir vermögen aus dem bisher Angeführten deutlich genug zu ersehen, daß von allen erzieherischen Aufgaben die Ausübung der Erziehungsberatung die schwierigste ist und daß Erziehungsberatungen nur der übernehmen soll, der vorher genügende Erfahrung in der Behandlung Verwahrloster gesammelt hat. In der Arbeit mit ihnen, aber nicht mehr in der Erziehungsberatung lernt er sie in ihrer Struktur und in ihren Bedürfnissen kennen.

Es wurde anfangs besonders die Bedeutung hervorgehoben, die wir der Herstellung von Übertragungsbeziehungen der Eltern auf uns, im ersten Augenblick der Begegnung — noch ehe ein Wort gesprochen ist — beilegen. Bei Kindern und namentlich bei Jugendlichen erscheint uns diese kurze Zeitspanne noch wesentlich bedeutungsvoller. Es wurde schon erwähnt, daß die meisten Verwahrlosten uns anfänglich mißtrauisch gegenüberstehen und daß dieses Mißtrauen erst überwunden werden muß, ehe wir sie für uns gewinnen können. Dieses Mißtrauen ist nicht krankhaft, es ist für den Verwahrlosten in der gegebenen Situation real vollauf berechtigt, die Erziehungsberatung an sich ist ihm eine Gefahr, wir selbst sind ihm unbekannt, und er ist überzeugt, von uns geschädigt zu werden. Aus seinen bisher gemachten schlechten Erfahrungen mit Erwachsenen muß er erwarten, daß etwas für ihn Ungünstiges eintreten wird. Er steht aber oft Gefahrensituationen gegenüber; sie bleiben ungefährlich, wenn er sie rechtzeitig richtig erfaßt. Je rascher er sich orientiert, desto mehr beherrscht er die Lage, desto weniger Übles kann ihm zustoßen. Er ist daher gezwungen, sofort, schon beim Betreten des Beratungsraumes den Erziehungsberater genau anzusehen. Das tut er auch: »Kinder sind in dem Bemühen, sich rasch zu orientieren, zumeist recht ungeschickt. Der Jugendliche entwickelt dabei zuweilen eine unglaubliche Gewandtheit. Man merkt oft ein Aufblitzen im Auge, das sofort wieder einem gleichmäßigen Ausdruck Platz macht, ein kaum erkennbares Verziehen des Mundes, eine unwillkürliche Geste, dann zuwartende Haltung, aber alles in Kampfstellung; je älter er ist, desto schwieriger zu erkennen, wenn er sich nicht sofort in die Situation des Trotzes oder der offenen Auflehnung begibt.«[6]

Auch wir versuchen, möglichst rasch zu erkennen, wen wir vor

[6] *August Aichhorn*, Verwahrloste Jugend, 5. Aufl., S. 111 f. (H. Huber, Bern-Stuttgart 1965)

uns haben, und wir beide bemühen uns, dem anderen überlegen zu werden. Es entsteht ein Ringen von längerer oder kürzerer Zeitdauer. Unser Bemühen, die Herrschaft über den Verwahrlosten zu gewinnen, dessen Abwehr vollziehen sich ohne aufeinanderzuprallen. Viele bewußte und unbewußte Abläufe sind am Kampfe beteiligt. Man fühlt, was vorgeht, ohne darüber viel zu wissen.

Die Verwahrlosten kommen aber nicht immer nur in der eben geschilderten Angriffssituation zu uns, obwohl diese beim Jugendlichen am häufigsten vorkommt. Ist sein Verhalten anders, so passen wir uns diesem natürlich auch wieder an und gehen auf jeden Wechsel seines Benehmens ein. In der Regel begrüßen wir ihn, ohne ein Wort zu sprechen, nur mit einem Blick und einem Händedruck, der ihn unsere freundliche Gesinnung ahnen läßt oder auch deutlich zeigt. Manchmal wird der prüfende Blick sofort durch ein entgegenkommendes Wort abgelöst; oft durch die Frage, ob er wisse, wen er vor sich habe. Wir zerstreuen dann seine Zweifel und lassen ihn merken, daß er von uns nichts zu befürchten habe. Mitunter leitet auch ein Scherzwort unser Bekanntwerden ein. Vom »Gescheiten« lassen wir uns imponieren, wenn wir merken, daß er dann leichter in Beziehungen zu uns kommt, oder zeigen ihm unsere Überlegenheit sofort, wenn wir ihn absichtlich reizen wollen. Dem trotzigen und dem ängstlich verschüchterten Kind treten wir abwartend, freundlich, nicht energisch entgegen, weil wir nicht wollen, daß es sich in seinen Trotz noch mehr verbohrt oder zu weinen beginnt; dem Phantasten, der aus unbewußter Absicht übertreibt oder aus neurotischen Gründen die Unwahrheit sagt, folgen wir in seine Welt und machen ihn nicht auf Widersprüche in seinen Mitteilungen aufmerksam; den vorsichtig Schlauen oder den überlegen Tuenden, der aus bewußter Absicht einen Sachverhalt unwahr oder entstellt darstellt, um uns zu täuschen, lassen wir im Anfang meinen, daß ihm die Irreführung gelungen sei, wenn wir wollen, daß er sich sicher fühle, oder geben ihm zu erkennen, daß wir ihn durchschauen, wenn er unsicher werden soll. Dem Kinde, das in der Kinderstube erlebt: »Mir kann nichts geschehen«, weil es den von einem Elternteil ausgehenden Versagungen durch Flucht zum anderen entgeht und dem Kinde, das den Forderungen der Realität ausweichen kann, weil es »nervös« ist, stellen wir zuerst keinen Widerstand entgegen. Wir werden noch an einigen anderen Stellen Gelegenheit haben, mehr davon zu hören.

Wie immer sich unsere Unterredung auch entwickelt, nie lassen wir die Kinder oder Jugendlichen uns gegenüber stehen, sondern fordern sie auf, sich niederzusetzen. Kinder sprechen wir immer sofort mit »Du« an, beim Jugendlichen warten wir mit dieser familiären Ansprache, bis die Übertragung zustande gekommen ist.

Das Gespräch führen wir immer ganz ungezwungen, verhindern jedesmal schulmäßiges Antworten und Benehmen, sowie auch die Rolle des sich verteidigenden Angeklagten; fällt das Hochdeutschsprechen schwer oder wird das Gespräch gespreizt, unnatürlich, so drängen wir auf das Sprechen im Dialekt; Affektäußerungen gegen Gleichaltrige, Eltern oder Lehrer unterdrücken wir nicht, enthalten uns aber jeder Äußerung. Was den Verlauf des Gespräches überhaupt anlangt, so verhalten wir uns so, wie schon den Eltern gegenüber. Auch hier dirigieren wir nicht und lassen die Kinder reden, was und wie sie wollen.

Der sachliche Inhalt unserer Fragen und Bemerkungen richtet sich natürlich immer nach der Besonderheit des vorliegenden Erziehungsnotstandes, der Individualität des Kindes und seiner augenblicklich gegebenen psychischen Situation. Wir bewegen uns ausschließlich innerhalb seiner Interessenkreise und kommen nur ganz ausnahmsweise sofort auf das »Delikt« zu sprechen, das die Veranlassung zur Vorsprache in der Erziehungsberatung gab. Wir ziehen es vor, dem Kinde gegenüber erst später davon Kenntnis zu nehmen.

Es ist nicht immer leicht, kleine Kinder zum Sprechen zu bringen und sie für uns zu gewinnen. Frauen sind in der Regel in dieser Hinsicht geschickter als Männer. Wir knüpfen an das kindliche Spiel, an Märchen und Kindergeschichten an; freuen uns über auffälligen Hals- oder Kopfschmuck, ein hübsches Jäckchen, eine bunte Schürze, phantasieren ein Puppenspiel mit verteilten Rollen und bekommen auch einigen Einblick in die guten oder schlechten Beziehungen des Kindes zu den Personen seiner Umgebung.

Bei Schulkindern ist bei einer ersten Begegnung gewöhnlich die Schule ein für unser Gespräch verbotenes Gebiet. Nur manchmal, wenn das Zuhausesein sehr unlustvoll betont und die Schule zur geliebten Stätte geworden ist, wird sie auch für uns frei. Sonst gibt es noch sehr viele Gebiete, in die wir dem Kind nur willig folgen müssen. Der dann für längere Zeit ausreichende Gesprächsstoff gibt uns, geschickt gelenkt, auch viele Möglichkeiten, im Kinde den Anreiz hervorzurufen, sich mit positiven Gefühlen zu uns zu bekennen.

Jugendliche Mädchen sind relativ am leichtesten in die für uns günstige Situation zu bringen. Wenn sie zu uns gebracht werden, sind sie in den seltensten Fällen eingeschüchtert und nur manchmal so verlegen, wie es junge Mädchen sonst häufig in neuen Situationen sind. Gewöhnlich sind sie von sich eingenommen, fühlen sich erwachsen und suchen die Aufmerksamkeit als Frau auf sich zu lenken; manchmal geben sie sich noch sehr läppisch — unbeholfen; dann wieder sichtbar irgend jemanden geschickt oder ungeschickt kopierend, beweisen sie darin große Fertigkeit. Wir behandeln sie als Erwachsene; sprechen mit ihnen über ihren gleich- und andersgeschlechtlichen Freundeskreis im allgemeinen, über die gute Freundin und das Mädchen, das nichts als »Klatsch« macht; über die angenehmen und bösen Nachbarn; kommen auch auf die herrschende Mode zu sprechen, lassen uns von Modewarenauslagen und -geschäften erzählen, von schönen Kleidern, Hüten und Strümpfen; wundern uns über hohe und niedrige Preise; wir übersehen auch nicht ihren Liebling unter den Filmschauspielern. Sind auch andere Interessenkreise da, so gehen wir selbstverständlich darauf ein, besprechen Kino- und Theaterstücke und berühren auch jedes andere Gebiet, das ihnen etwas bedeutet.

Für den männlichen Jugendlichen findet sich am häufigsten ein unerschöpflicher Gesprächsstoff in den verschiedenen Sportarten; an erster Stelle steht der Fußballsport, im Winter der Skisport. Baden und Schwimmen gehen sie gerne und im Winter Eislaufen. Judo ist bei Schwächlingen beliebt, die sich gerne in die Rolle des Gentleman-Verbrechers oder Meisterdetektivs phantasieren. Wir führen richtiggehende Debatten über einzelne anerkannte Fußballspieler, über stattgefundene Wettkämpfe, über richtige oder unrichtige Entscheidungen von Schiedsrichtern, hören uns von ihnen affektvoll vorgetragene Berichte über Boxkämpfe an, sind über jeden unfairen Griff mitentrüstet. Wir lassen uns Detektiv-Filme und Kriminalromane auszugsweise erzählen und erkennen einen Teil des Wesens unserer Jugendlichen im »Helden«, mit dem er sich identifiziert. Auch Zukunftspläne, meist nicht realisierbare, werden eingehend besprochen; die Aussichten des professionellen Fußballspielers und Filmdarstellers erörtert. In neuerer Zeit rückt auch bei manchen der Flugzeug-Pilot in den Kreis der anstrebenswerten Berufe.

Bei vielen Mittelschülern der oberen Klassen, die sich vornehmer und zurückhaltender äußern, ist unschwer dieselbe Linie festzustellen. Eine Ausnahme bilden nur jene, die wegen neurotischer Störungen schlechte Schulerfolge aufweisen. Ihr Interesse ist mehr an die Schule gebunden, und ihre geäußerten Berufswünsche bewegen sich vielmehr innerhalb realisierbarer Grenzen.

2. Das bewußte Bedürfnis des Kindes nach Anlehnung und Zärtlichkeit

Wir haben früher[7] — um Gesichtspunkte für die in der Erziehung Verwahrloster anzuwendenden Erziehungsmittel und Grundlagen für die Behebung der Verwahrlosung überhaupt zu finden — die Verwahrlosten nach dem Erziehungserfolg in zu viel und zu wenig Erzogene eingeteilt.

Für die mit der vorliegenden Arbeit beabsichtigten Darlegungen bringt uns aber diese Art der Gruppierung keinen Gewinn. Wir brauchen die Verwahrlosten nach ihren bewußten und unbewußten Beziehungen zu den Erwachsenen, nach ihren Reaktionen auf nicht erfüllte Bedürfnisse geordnet. Wir haben vor allem festzustellen, wie wir in der Erziehungsberatung in jedem Fall auf die gegebene Individualität und wie wir planmäßig vorzugehen haben, um ein Gefühl der Zuneigung zu uns, aus dem eine bewußte, positiv stärkere Bindung werden soll, zu erwecken.

So gesehen, fallen uns unter den Verwahrlosten zuerst jene Kinder auf, in denen das bewußte Bedürfnis nach Anlehnung und Zärtlichkeit nicht befriedigt wird und der Erziehungsberater als Ersatzperson für die Eltern eintreten muß.

Diese Fälle kommen häufig in Familien, die in wirtschaftlich schlechtesten Verhältnissen leben, vor: die Herbeischaffung der täglichen Lebenserfordernisse nimmt so viel Zeit in Anspruch und macht so übermäßige Sorgen, daß die Eltern sich ihren Kindern nicht mehr widmen können, selbst wenn sie es wollten; die Kinder werden nicht als Last empfunden, mit aller Anspannung wird herbeigeschafft, was für ihren Lebensunterhalt wichtig ist. Für alle darüber hinausgehenden Bedürfnisse aber bleibt nichts übrig. Verstehen die Kinder diese Situation und finden sie sich damit ab, so geht ihre Entwicklung auch unter diesen so schlechten Bedingungen ihren normalen Weg. Manches Kind aber empfindet die Anstrengungen der Eltern um sein leibliches Wohl als selbstverständlich und verlangt ein Mehr, das es nicht bekommt. Aus diesem ungestillten Verlangen kann sich ein Erziehungsnotstand entwickeln, wofür wir aber die Eltern nicht verantwortlich machen oder gar verurteilen werden; die Verhältnisse sind so ungünstig; auch die Liebe zum Kind wird von ihnen unterdrückt.

Bei anderen Fällen, in denen wir auch als Ersatzperson für die Eltern eintreten müssen, spielen die wirtschaftlichen Verhältnisse nur mehr eine untergeordnete oder überhaupt keine Rolle mehr. Es gibt Väter und Mütter, die voneinander abweichende oder auch gemeinsame, aber außerhalb der Familie

---

[7] »Verwahrloste Jugend«

liegende Interessenkreise haben: der Vater, der sich dem Vereinsleben oder übermäßig der Politik widmet, die Mutter, der das Gespräch mit der Nachbarin oder das Kartenspiel wichtiger sind als die Kinder. Es gibt auch Väter und Mütter, die gemeinsam ein Ziel verfolgen, die Kinder aber dadurch schädigen. Dazu ein ganz extremer Fall: eine Mutter brachte ihre drei Kinder in die Erziehungsberatung, weil sie zu Hause nicht zu »bändigen« seien. Der wirkliche Sachverhalt war der: ihr Mann, ein arbeitsloser Mechaniker, will die Matura machen; die Mutter erschöpft sich darin, ihn zu bewundern und ihm auf Kosten der Kinder die nötige Ruhe und Ordnung zum Studium zu verschaffen.

In anderen Familien sind die Beziehungen der Eltern zueinander so erkaltet, daß sie sich gegenseitig nichts mehr zu geben haben, ja nicht einmal mehr miteinander etwas zu reden wissen. Debatten entwickeln sich nur, wenn das Kind durch sein Benehmen unangenehm auffällig wird. Daß die lieblose Atmosphäre des Hauses den Anlaß zum schlechten Verhalten des Kindes gibt, nehmen weder Vater noch Mutter zur Kenntnis.

Oft geht die Entfernung noch viel weiter. Sie leben nicht mehr nebeneinander, sondern gegeneinander. Das Kind erlebt den oft in den wüstesten Formen sich abspielenden täglichen Zwist, kann in diesem Kampfe weder für den einen noch für den anderen Elternteil Partei ergreifen, ist zunächst ratlos, flüchtet dann aus dem Elternhaus auf die Straße und verwahrlost.

Alle diese Kinder haben eines gemeinsam, das sie von den oben angeführten wesentlich unterscheidet. Jene verwahrlosten, weil die Eltern sich zuviel um sie kümmerten, diese aber, weil niemand da ist, der sich für sie genügend interessiert.

Es gibt kaum einen Fall von Verwahrlosung, der nicht auch auf dieser Basis entstehen könnte. Die Herstellung der Übertragung und die Behebung des Erziehungsnotstandes ist in diesen Fällen, soweit es sich um die Arbeit am Kinde handelt, relativ leicht. Es bedarf gar keiner besonderen Technik, und die Übertragung ist hergestellt.

Wenn wir auch die Verwahrlosungsäußerungen hier in ähnlichen Formen vorkommend finden, wie bei anderen Typen, so sind sie doch harmloserer Natur, weil die libidinösen Störungen nicht so tiefgehende Wirkungen gezeitigt haben.

Die Schwierigkeiten bei der Behebung des Erziehungsnotstandes liegen zum geringsten Teil im Kinde selbst, zum größeren in seiner Umgebung, die aber einer Änderung manchmal schwer zugänglich ist. Der Einfluß des Erziehungsberaters auf das Kind reicht dann zur Behebung des Erziehungsnotstandes nicht aus, und er muß dessen Entfernung aus der Familie veranlassen. Ob die Notwendigkeit dazu besteht, wird er sehr bald erkennen, auch die Möglichkeit, ob er die Versetzung in eine andere Familie durchzuführen imstande ist. Davon hängt sein Benehmen dem Kinde gegenüber ab: Er läßt die Übertragung des Kindes zu sich nicht sehr anwachsen, wenn er sich durchsetzen kann. Das Einleben in die neuen Verhältnisse ist dann nicht erschwert. Besonders vorsichtig wird er sein, wenn der Milieuwechsel auch ein Aufhören der Erziehungsberatung mit sich bringt. Das Ausmaß der Übertragung hängt daher lediglich von der Zeitdauer ab, in der er sich mit dem Kinde beschäftigen muß.

Unter den hier einzureihenden Fällen finden wir am häufigsten jene Kinder, die in der Schule und zu Hause dadurch unangenehm auffällig werden, daß sie ihre Schulaufgaben nur flüchtig, schlecht oder gar nicht machen, sich in die Schulgemeinde nicht richtig einleben, oft die Schule schwänzen; am häuslichen Leben wenig Anteil nehmen und den Forderungen des Alltags eine gewisse passive Gleichgültigkeit entgegenstellen; was sie unter dem Druck der Erwachsenen nicht abwehren können und tun müssen, tun sie lustlos.

Diese Kinder stehen dem Leben so interesselos gegenüber, weil niemand da ist, dem zuliebe sie den Anforderungen ihrer Realität entsprechend handeln: Langeweile überwinden, Leistungen erfüllen, auf lustvolles Erleben verzichten und Unlust ertragen.

Gewöhnlich zeigen uns schon das Verhalten der Eltern in der Erziehungsberatung, ihre Mitteilungen über das Kind, ihre Schilderung des Alltags zu Hause, daß wir es mit dem eben beschriebenen Kindertypus zu tun haben. Sind wir nicht ganz sicher, so bringen einige Fragen über die Beziehungen der Familienmitglieder untereinander über die vermutete Situation Klarheit.

Wir haben schon erwähnt, daß wir diese Kinder ohne besonders ausgebildete Technik in positive Gefühlsbeziehung zu uns und dadurch in Abhängigkeit von uns bringen können. Versteht der Erziehungsberater das ganz normale Zärtlichkeitsbedürfnis dieser Kinder und geht er darauf ein, so ist in der Hauptsache alles getan.

Wir empfangen die Kinder ungezwungen natürlich, benehmen uns entgegenkommend, freundlich, wohlwollend; wir hören den Schilderungen über ihre Unannehmlichkeiten anteilnehmend zu und kümmern uns um die ihnen zu Hause und in der Schule auferlegten Verpflichtungen.

Wie wir näher darauf eingehen und das Kind schließlich für uns gewinnen, es dazu bringen, sich in der Schule und zu Hause einzuordnen, allen Verpflichtungen gern und willig nachzukommen, habe ich schon an anderer Stelle mitgeteilt.[8]

[8] »Verwahrloste Jugend«, S. 102 ff.

Wir erreichen manchmal in ganz kurzer Zeit überraschende Erfolge, die aber eigentlich selbstverständlich sind, und als eigene Leistungen nicht überwertet werden dürfen. Letzten Endes antwortet das Kind durch sein Verhalten ja nur auf natürliche Erlebnisse, die ihm sonst das geordnete Familienleben immer bietet.

3. Das unbewußte Bedürfnis nach einer Vater-Autorität und einem Identifizierungsobjekt

Ganz anders und weit schwieriger gestaltet sich die Situation, wenn wir es mit Jugendlichen zu tun haben, die aus einem unbewußten Bedürfnis mit ihrer Umgebung in ständigem, offenen Konflikt leben. Hierher gehören mannigfache Formen aggressiven Verhaltens der Jugendlichen in der Vor- und in der Pubertätszeit.

Wir wissen, daß dieses Benehmen nichts anderes ist als eine, gegen den Vater gerichtete, mit unzulänglichen Mitteln geführte Revolution. Der Jugendliche kommt aus jenen schon früher geschilderten Familien, in denen das Kind den Vater erst im Heranwachsen sehr unangenehm, als brutalen Schwächling erlebt. Es hat sich schon früher mit dem Vater, wenn es diesen auch später bewußt ablehnt, auch in seiner Brutalität identifiziert, ein wirklich männliches Identifizierungsobjekt hat ihm aber immer gefehlt. Bei dieser Familienkonstellation wäre eher zu erwarten, daß der Jugendliche ein zu passives, hilfloses Verhalten zeigt. Dieser Typus kommt auch vor, doch entwickelt er sich nur dann, wenn auch andere Momente das Heranwachsen ausschlaggebend ungünstig beeinflussen. Der häufig vorkommende »brutale« Jugendliche erlebt die Entwicklungsperiode, in der er zu uns gebracht wird, in ständigem Affekt, und schon daraus erklärt sich zum Teil sein aggressives Verhalten: Er hat die intellektuelle Kontrolle über seine Affekte verloren, und der »brutale« Vater dringt stets durch.

Die psychische Struktur, die wir aus den Mitteilungen der Eltern für unser erstes Verhalten dem Jugendlichen gegenüber deutlich genug erkennen können, bedingt aber nicht, daß er immer sofort auch bei uns aggressiv wird. Es ist nicht ausgeschlossen, daß er sich beim Hereinkommen ganz gesittet zeigt, dann wartet er aber nur auf den Augenblick, brutal werden zu können. Auf alle Fälle ist die Bereitschaft, seinen bewußten Haß vom Vater auf uns zu verschieben, ganz außerordentlich groß, und es besteht die Gefahr einer negativen Übertragung auf uns.

Da wir im voraus nicht wissen, in welcher Verfassung der

Jugendliche den Beratungsraum betreten wird, verhalten wir uns schon bei der ersten Begrüßung so, daß seinerseits ein Angriff nicht erfolgen kann. Obwohl er aus unserem Benehmen in uns den ihm Überlegenen fühlen und unsererseits den Angriff erwarten muß, erfolgt dieser nicht; denn die zu ihm gesprochenen Worte sind freundlicheren Inhaltes als unser sonstiges Auftreten ihn vermuten ließe. — Wir sind aber auch nicht zu entgegenkommend, zu freundlich, zu liebenswürdig, denn dann würde er mißtrauisch werden, sähe in uns den Schwächeren und versuchte sofort, brutal zu werden. Er kommt durch unser Verhalten in einen unsicheren, labilen Zustand und findet sich mit uns nicht zurecht. Er weiß ja nicht, daß wir absichtlich durch Inhalt und Form unseres Benehmens entgegengesetzten Tendenzen Rechnung tragen wollen: durch unser kraftvolles Auftreten der einen, durch den Inhalt unserer Bemerkungen der anderen Tendenz. In dieser Unsicherheit belassen wir ihn einige Zeit; wir erreichen dies auch durch ein indifferentes Gespräch, dessen Inhalt abseits vom Konflikt liegt, der ihn in die Erziehungsberatung gebracht hat, das aber auch auf seine Interessenkreise nur oberflächlich eingeht. Später, wenn wir ihn für uns gewinnen wollen, stimmen wir ihm zu, sind mit ihm einverstanden und verbünden uns schließlich mit ihm gegen die andern. Das alles aber mehr durch unser Verhalten als durch Worte. Wir stellen uns dabei weder auf die Basis des gleichaltrigen Freundes noch auf die des verwahrlosten Erwachsenen, noch darf er irgendwie das Gefühl bekommen, daß wir beabsichtigen, ihn gegen den Vater aufzuhetzen. Wir benehmen uns ähnlich, wie wir es ausführlich noch später bei den Ausführungen über den jugendlichen Hochstapler zeigen werden.

Wie wenig verdrängt der »Feigling-Vater« bei diesem Typus ist, erfuhren wir in der Erziehungsberatung nach den Februartagen des Jahres 1934 von Jugendlichen aus sozialdemokratischem Milieu[9]. Diese wurden wegen ganz abnormer Aggressionen gegen ihre Väter zu uns gebracht. In einem Fall hatte das starke Erleben den Jungen so aufgewühlt, daß er den Vater ganz offen wegen seines Verhaltens abfälligst kritisierte.

Eine nicht leicht erkennbare, hierhergehörige Abart innerhalb dieser Gruppe tritt uns in Jugendlichen entgegen, die denselben Kampf gegen den Vater, auch mit unzulänglichen Mitteln, aber in anderer Form führen. Sie sind nicht offensichtlich aggressiv und brutal; ihr Benehmen ist vorsichtiger, hinterhältiger, heimtückischer; sie sind rachsüchtig und feige, greifen versteckt nur an, wenn sie selbst sich nicht gefährdet fühlen; einen Teil ihres Hasses gegen den Vater leben sie in der Phantasie aus. Diese Jugendlichen nähern sich in ihrer Struk-

[9] Arbeiteraufstand in der Wiener Vorstadt (Hsgb.)

tur schon mehr den neurotisch Verwahrlosten als die anderen.

Diese Abart entsteht im wesentlichen aus der Identifizierung mit einem ähnlich strukturierten Vater.

Ein Übertragungserfolg ist viel schwieriger zu erreichen und erfordert eine noch viel raschere Orientierung bei der ersten Begegnung. Das Erkennen seiner psychischen Situation stellt größere Anforderungen an die Erfahrung des Erziehungsberaters, weil ein Verwechseln mit anderen Typen nur zu leicht möglich ist. Das bei ihm ganz besonders notwendige Eingehen auf seine Defekte verlangt viel exakteres Erfassen seiner Persönlichkeit und absolute Objektivität, da er leicht äußerst unangenehm wirkt. Die Übertragungsbeziehungen lassen auch länger auf sich warten und sind schwierig zu einem größeren Ausmaß zu steigern.

Ein unbewußtes Bedürfnis nach einer Identifizierungsperson wird aber auch noch in anderen Fällen wach. In vielen Familien sind sich die Eltern über die anzuwendenden Erziehungsmittel, Lohn und Strafe, nicht einig. Von den Kindern wird immer der Strafende als der Stärkere empfunden, der andere Teil als der Nachgiebigere, in der Regel als der Schwächere. Das Kind merkt sehr bald, weil die Eltern ihre Uneinigkeit vor ihm austragen, daß es Vorteile gewinnt, wenn es beide gegeneinander ausspielt; im gegenseitigen Streit gerät der Anlaß in Vergessenheit; das Kind, das gelernt hat, diese Situation zu seinem Vorteil auszunützen, erleidet schweren Schaden in seiner Realitätsanpassung. So entwickelt sich das Kind, das wir charakterisieren, mit dem Ausspruch: »Mir kann nichts geschehen.«

Aus dieser Konstellation ergibt sich ein weiterer Nachteil dann, wenn die Mutter die Stärkere ist; der schwächere Vater bleibt ein ungeeignetes Identifizierungsobjekt für den Knaben.

Das Bedürfnis nach einem Identifizierungsobjekt fällt vielfach zusammen mit dem Bedürfnis nach einem Ersatz-Über-Ich. Der Vater ist nicht nur der der Mutter immer unterliegende Schwächling, sondern auch der in allen seinen Entschlüssen immer von ihr abhängige; er ist auch den Kindern gegenüber hilflos, weist sie mit allen Angelegenheiten und Fragen an die Mutter, ist froh, wenn Entscheidungen an ihn nicht herantreten. Dabei ist er aber in seinem Verhalten nicht der gleichaltrige, von den Kindern gern gesehene oder geliebte Spielgefährte. — In solchen Fällen treten andere Schädigungen in Erscheinung.

Wie ist hier die Übertragung herzustellen? Ohne auf Einzelheiten einzugehen, die ja nur wieder ein Ausfluß der Persönlichkeit des Erziehungsberaters sein können: in der kürzesten Zeit hat das Kind zu erleben, daß die Persönlichkeit, die jetzt in sein Leben eingreift, absolut entschlußfähig ist, mit festem und zielsicherem Willen handelt.

Es kommen aber auch Verwahrlosungsfälle vor, bei denen dem Über-Ich wichtige Züge fehlen.

In sehr vielen Familien zeigen die Eltern selbst Defekte in ihrem eigenen Über-Ich. Das dadurch bedingte, zum Teil unsoziale Denken und Handeln wirkt sich im Zusammenleben für die soziale Entwicklung der Kinder sehr ungünstig aus. In der Identifizierung mit den Eltern kommen die Kinder zu einem Über-Ich, das oft weitab vom sozialen Ideal liegt. Diese Kinder sind psychisch gesund. Diese Verwahrlosungen sind nur eine soziale und keine psychologische Kategorie. Der extremste Fall ist das Kind aus der Verbrecherfamilie.

Wenn wir überlegen, daß zur Bildung des Über-Ichs Objektbesetzung und Identifizierung erforderlich sind, so läßt sich erkennen, daß auch bei ganz normaler psychischer Gesundheit die Über-Ich-Bildung oft mißlingen muß, ein schwaches oder defektes Über-Ich entstehen kann, wenn dem Kinde nicht die notwendige Zeit gelassen wird, diese psychischen Vorgänge normal zu erledigen. Diese Entwicklung hängt daher von der Funktion der Zeit ab. Die Erfahrung hat uns gezeigt, daß Fürsorgekinder, die durch die Verhältnisse gezwungen, in ihrer frühesten Kindheit häufig und rasch hintereinander die Pflegestellen wechseln mußten, zu dieser Fehlentwicklung kommen. Ihre kritische Instanz reicht für die soziale Einordnung nicht aus.

Bei diesen Fällen liegt die Aufgabe des Erziehungsberaters nicht darin, durch Herstellung der Übertragung die weitere Entwicklung des Kindes selbst zu lenken, sondern darin, diese Kinder rasch geeigneten Familien zuzuweisen, um ihnen endlich Gelegenheit zu geben, das ihnen bisher Vorenthaltene nachzuholen. Er hält aber die Übertragung während der ganzen Zeit des Zusammenseins auf dem gerade noch ausreichenden Minimum.

4. Die Übertragung des neurotisch Verwahrlosten

Die Formen der neurotisch Verwahrlosten sind so mannigfaltig und in ihrer ursächlichen Bedingtheit noch so wenig erforscht, daß eine planmäßige Arbeit zu deren Behebung ungemein schwierig ist. In den Zustandsbildern dieser Verwahrlosungserscheinungen treten neurotische Symptome einmal mehr, ein andermal weniger in den Vordergrund. Ist das Mischungsverhältnis zwischen ihnen und den Verwahrlosungssymptomen ungefähr gleich, dann kommt es nur auf den Standpunkt an, von dem aus wir den Verwahrlosten betrachten. Ein und dasselbe Individuum ist dann entweder der neurotisch Verwahrloste oder der verwahrloste Neurotiker. Die Behandlungsweise dieser Fälle wird gleich weit von der analytischen Technik und von der reinen Erziehungsarbeit entfernt sein.

Treten die neurotischen Symptome sehr in den Vordergrund, so gleicht sich die Arbeitsmethode der Kinderanalyse an, überwiegen aber die Verwahrlosungserscheinungen, so wird die Verwahrlostenanalyse zur erforderlichen Technik.

Der Erziehungsberater wird vorerst zu entscheiden haben, auf welche von diesen beiden Grundlagen der Erziehungsnotstand vorwiegend zurückzuführen ist, weil sein Benehmen zur Herstellung der Übertragung hiervon ausschlaggebend beeinflußt werden muß.

Je neurotischer der Verwahrloste ist, desto vorsichtiger und langsamer zieht der Erziehungsberater die Zuneigung des Kindes, durch ein passives und zurückhaltendes Benehmen, auf sich. Aber auch in den Fällen, in denen voraussichtlich eine Verwahrlostenanalyse notwendig werden wird, begnügt er sich mit einem Minimum an Übertragung, da er die spätere Behandlung durch eine zu starke Gebundenheit des Kindes an sich nicht stören wird.

Nur wenn leichtere Verwahrlosungserscheinungen vorliegen, die er selbst noch im Rahmen der Erziehungsberatung behandeln kann, steigert er die Übertragung erheblich.

In der Regel kommen als neurotisch Verwahrloste Kinder mit schlechten Lernerfolgen, Schwierigkeiten bei der Einordnung in die Klassengemeinschaft, mit sie beherrschenden Tagträumen, harmlosere Diebstähle, die Tendenz, sich von der Realität und den Menschen abzuwenden, neurotische Reaktionen auf die Übertretung des Onanieverbotes usw. in Frage.

Der erste Empfang ist ein wohlwollend freundlicher. Das weitere Verhalten bleibt, solange wir nicht wissen, ob wir das Kind selbst zur Behandlung übernehmen werden, passiver. Wir benehmen uns, wie normalerweise vernünftige Eltern sich den Wünschen und Bedürfnissen ihrer Kinder gegenüber zuwartend verhalten. Erst später, wenn es bei uns bleibt, wechseln wir unser Benehmen der Situation angepaßt, merken aber immer wieder rechtzeitig die Tendenz des Kindes, uns in den Kreis der libidinösen Objekte seiner Familie einzureihen und verhindern den aus dem Wiederholungszwange erwarteten Erfolg. Wir merken uns sein masochistisches oder sadistisches Bedürfnis, wenn aus unbewußtem Schuldgefühl ein Geständniszwang oder Strafbedürfnis vorhanden ist, kommen allem halb entgegen und befriedigen nichts ganz. Dies gelingt uns, wenn wir Inhalt und Form unseres Redens und unseres Benehmens, wie schon geschildert, gestalten.

Wie wir bei gewissen typischen Formen vorgehen, wurde bereits an anderer Stelle mitgeteilt.[10]

Noch eine Bemerkung zur Beobachtung dieser Fälle. Wir können häufig nicht sofort bei der ersten Zusammenkunft genügend deutlich die Ursachen des Erziehungsnotstandes durchschauen und veranlassen deswegen eine Beobachtung. Setzt sich der Beobachter mit dem Kinde zusammen, um in wiederholten gemeinsamen Gesprächen sich über das vorliegende Problem Klarheit zu verschaffen, so erschwert er, wenn später analytische Arbeit notwendig wird, diese oft ganz erheblich. Er macht Unbewußtes nicht bewußt, deutet auch nicht, benimmt sich überhaupt anders wie der Analytiker. Das Kind, das Beobachtung und analytische Behandlung nicht zu unterscheiden vermag, ist dann beim Analytiker in einer Situation, die dieser nicht immer leicht bewältigt. Führen wir die Beobachtung in anderer Form durch, so vermeiden wir diese unangenehmen Folgeerscheinungen und erzielen ein günstigeres Ergebnis. Wir müssen vor allem Inhalt und Form der Reaktionen des Kindes in den Alltagssituationen kennen. Soweit als möglich beobachten wir es in diesen selbst und lassen uns auch von verschiedenen Personen seiner Umgebung genauestens darüber berichten. Bei diesen Berichten berücksichtigen wir aber immer die affektiven Beziehungen der berichtenden Personen zum Kinde. Wir selbst unternehmen aber auch mit dem Kinde Spaziergänge, machen es auf vorübergehende Menschen aufmerksam, veranlassen es, Schaufenster, die es interessieren, anzusehen, merken dabei, was es nicht interessiert, gehen mit ihm in Parkanlagen, lassen es dem Spiel der anderen Kinder zusehen oder sich selbst daran beteiligen usw.

Bei all diesen Gelegenheiten ergeben sich genügende Situationen, die uns die Reaktionen des Kindes viel deutlicher zeigen als eingehende Gespräche.

5. Die narzißtische Übertragung des »jugendlichen Hochstaplers«

Unter den jugendlichen Verwahrlosten fiel uns ein Typus durch eine besonders gesteigerte Übertragung auf. Seine Beziehungen zu uns bleiben regelmäßig durch lange Zeit so intensiv und eindeutig positiv, daß wir als Erzieher erfreut, mit großer Zuversicht unsere Arbeit in der Erwartung fortsetzen, daß nun sehr bald aus der Objektbeziehung eine Identifizierung mit uns erwachsen müsse, womit dann ein wichtiger Teil unserer Erziehungsarbeit praktisch abgeschlossen gewe-

[10] »Verwahrloste Jugend«, S. 102 ff., sowie oben S. 9 ff.

sen wäre. Jedesmal erlebten wir die unangenehme Überraschung, daß der Jugendliche gerade in dieser Zeit anfing, sich anders zu benehmen, als er nach unserer Überzeugung sich hätte benehmen müssen. Er wurde zwar nicht rückfällig, aber alle seine Äußerungen ließen zu unserem Erstaunen erkennen, daß er erst jetzt begann, uns als eine Persönlichkeit, als anderes Objekt wahrzunehmen, daß er daher noch weit davon entfernt war, sich mit uns identifizieren zu können; denn während der ganzen Zeit unserer bisherigen Arbeit hatte er überhaupt noch gar keine objektlibidinöse Beziehung zu uns gehabt.

In reinster Form ist dieser Typus jugendlicher Verwahrloster durch den »Hochstapler« vertreten. Bei ihm erkannten wir auch zuerst, daß er infolge seiner psychischen Struktur kaum eine objektlibidinöse Beziehung herzustellen vermag. Die Abhängigkeit, in die wir ihn intuitiv gebracht hatten, mußte also ganz anderer Art gewesen sein. Mit fortschreitender psychoanalytischer Einsicht vermochten wir unser gefühlsmäßig richtiges Verhalten, die Beziehung des Jugendlichen zu uns und sein dadurch bedingtes Benehmen zu erklären, bis wir schließlich die zur Behebung des Erziehungsnotstandes erforderlichen Reaktionen ganz bewußt hervorrufen konnten.

Wie wir dabei vorgehen, wird der im folgenden mitgeteilte Fall zeigen: Eine Mutter aus gut bürgerlichem Milieu bringt ihren achtzehnjährigen Sohn in die Erziehungsberatung, weil er in ihre Schmuckkassette eingebrochen, Schmuckstücke entwendet und diese versetzt hat. Da der Junge sich bis zu diesem Zeitpunkt nichts zuschulden hat kommen lassen, er nicht »schlecht erzogen sein kann«, für die Eltern daher nur eine Geisteskrankheit in Frage kommt, wird der Arzt zu Rate gezogen. Dieser fragt den Jugendlichen eingehend aus und erfährt von ihm auch, daß dieser sehr viel Geld für seine Abenteuer mit Mädchen braucht und es sich nicht anders beschaffen konnte. Der Arzt schickt die Mutter in die Erziehungsberatung. Die Einzelheiten über die Familienkonstellation, die Kindheit und Erziehung des Sohnes erfahren wir von der Mutter. Nach dem Gespräch mit dieser, auf das wir hier nicht näher eingehen wollen, nehmen wir den Jugendlichen vor.

Der erste Eindruck, den wir von ihm gewinnen: jugendlicher Hochstapler, der aus seiner psychischen Struktur die dem Arzte gestandenen Abenteuer mit Mädchen gar nicht gehabt haben konnte. Unser Verhalten ihm gegenüber wird durch diesen Eindruck sofort eindeutig bestimmt: wir begrüßen ihn mit einem Händedruck, ernst, aber nicht unfreundlich, wortlos, und fordern ihn nur mit einer Handbewegung zum Sitzen auf.

»Warum haben Sie den Arzt so zum besten gehalten?« damit beginnt unser Gespräch.

»Weil er danach gefragt hat«, entgegnete er mit einem Achselzucken.

»Wieviel Geld ist Ihnen noch geblieben?«

»Hundertfünfzig Schillinge.«

»Wo haben Sie das Geld?«

»Hier, in meiner Tasche.«

»Legen Sie das Geld auf den Tisch!« Er kommt dieser Aufforderung ohne zu zögern nach.

»Würden Sie das Geld der Mutter zurückgeben?«

»Nein!«

»Würden Sie das Geld mir geben?«

»Ja.«

Ich nehme ein Kuvert, lege das Geld hinein, sperre es ein, schreibe eine Bestätigung über empfangene hundertfünfzig Schillinge und überreiche sie ihm. Als er sie nimmt, frage ich:

»Woran denken Sie jetzt?«

»Daß ich dumm war, Ihnen das Geld zu geben.«

»Warum haben Sie es mir denn gegeben?«

»Das weiß ich nicht.«

»Denken Sie darüber nach.«

». . . ich weiß es wirklich nicht.«

Wir sprechen nun ohne Übergang über die Schule, er erzählt auch einiges von zu Hause, und ich höre zu. Nach einigen Minuten unterbreche ich ihn mit der Frage:

»Woran denken Sie jetzt?«

»Ich komme davon nicht los, wirklich dumm gewesen zu sein. Ich hätte Ihnen das Geld doch nicht geben sollen.«

»Warum haben Sie es mir gegeben; vor zehn Minuten kannten Sie mich noch nicht. Mir geben Sie es, der Mutter nicht. Warum?«

»Das weiß ich nicht.«

»Denken Sie doch darüber nach.«

». . . ich habe das Gefühl, Sie hätten es mir aus der Tasche gezogen. Nun bin ich in größter Verlegenheit. Ich habe zwei Freunden versprochen, sie abends ins Kino zu führen und habe kein Geld.«

»Sie können doch die Mutter darum bitten.«

»Das ist ausgeschlossen. Jetzt, da sie so böse auf mich ist, kann ich nicht Geld für Kinokarten verlangen.«

»Gibt es keine andere Möglichkeit, sich Geld zu verschaffen?«

»Nein.«

»Doch, Sie können ja wieder stehlen.«

»Meinen Sie das ernstlich?«

»Gewiß.«

»Das ist doch nicht möglich.«

»Warum nicht. Gibt es noch etwas, was Sie stehlen könnten?«

»Ja. Ein Armband der Schwester.«

»Wo ist dieses Armband?«

»In der Lade des Nachttisches.«

Und nun besprechen wir diesen Diebstahl mit allen Einzelheiten durch, wobei ich ihn an manchen Stellen sogar noch aufmerksam mache, wie er es geschickter anstellen könnte. Darüber ist er zunächst sehr erstaunt, kommt aber allmählich aus seiner schlechten Stimmung heraus, da er eine neue Möglichkeit sieht, sich wieder Geld zu verschaffen.

Damit ist aber unser Gespräch nicht zu Ende. Es kann doch nicht die Aufgabe eines Erziehungsberaters sein, einen jugendlichen Verwahrlosten wirklich zu einem Diebstahl zu verleiten. Daher setze ich fort:

»So, das werden wir aber nicht machen. Das Armband heben wir uns auf, bis wir einmal mehr Geld brauchen. Was kosten denn die Kinokarten?«

Er nennt mir den Betrag, den ich meiner Geldbörse entnehme und ihm gebe. Dadurch wird er völlig fassungslos, da er jetzt überhaupt nicht mehr weiß, woran er mit mir ist. Zuerst nehme ich ihm den Rest seiner Beute ab, dann gehe ich mit ihm — in der Phantasie — stehlen, und zum Schluß gebe ich ihm vom eigenen Gelde den notwendigen Betrag.

Ich will ihn eine Zeitlang in diesem Spannungszustand belassen, schicke ihn daher gleich weg und bestelle ihn für den nächsten Tag.

Am nächsten Tage kommt er mit folgender Bemerkung bei der Türe herein:

»Ich muß Ihnen etwas sagen, aber nein, — ich sage es Ihnen doch nicht.«

Ich reagiere darauf nicht, sondern fordere ihn nur auf, sich zu setzen. Er setzt sich und beginnt:

»Wie gefällt Ihnen der Thomas Mann?«

»Was haben Sie von Thomas Mann gelesen?« Er zählt einige Werke auf und setzt fort:

»Wir lesen in der Schule jetzt ›Minna von Barnhelm‹ (er besucht die achte Klasse der Mittelschule), und da kenne ich mich nicht aus.« Er nennt die Stelle und will nun von mir einen Kommentar dazu.

»Wer hat ›Minna von Barnhelm‹ geschrieben?«

»Lessing. Warum schauen Sie von mir auf Ihre Bücher?«

Nun sehe ich den Zeitpunkt gekommen, aktiv einzugreifen und frage:

»Warum wollen Sie sich unbedingt den Beweis meiner Dummheit verschaffen?« Er erschrickt:

»In Ihrer Gegenwart darf man sich ja nicht einmal etwas denken.«

»Als Sie bei der Türe hereingekommen sind, wollten Sie mir etwas sagen. Dann haben Sie es vergessen.«

»Richtig. Unsere Köchin hat gesagt, du, sei vorsichtig, das ist ein ganz ›Geriebener‹«.

»Eine gescheite Person?«

»Nein! Sie ist dumm!«

»Wie fällt ihr ein, so etwas zu behaupten?«

»Sie war schon vor meiner Geburt im Hause, hat mich sehr lieb und hat, als meine Mutter jetzt auf den Diebstahl draufkam, sehr für mich Partei ergriffen.«

»Hat die Köchin recht?«

»Aber nein!«

»Dann erzähle mir eine von *deinen* Gaunereien, von denen noch niemand etwas weiß.« Der Jugendliche erzählt nun von Diebstählen, die bis auf zehn Jahre zurückgehen. Zuerst kleinere Familiendiebstähle, dann Entwendungen von Schmuckgegenständen und Geld auf Reisen mit der Mutter, aus benachbarten Hotelzimmern; in den Ferien im Schwimmbad aus fremden Kabinen; eine ununterbrochene Folge von immer größer werdenden Diebstählen, die unentdeckt geblieben sind, da niemand den »wohlerzogenen Knaben aus gutem Hause« verdächtigt hatte.

Nun bedarf es aber einer psychoanalytischen Betrachtung dieser hier geschilderten zwei Begegnungen.

Erinnern wir uns zunächst, was wir von Freud über die Bedingungen und Folgen beim Überfließen narzißtischer Libido wissen.

Die Beziehungen zum anderen sind nicht immer objektlibidinöser Natur. Unter bestimmten Voraussetzungen — einigermaßen wirksamer Verdrängung, Zurücksetzung der sinnlichen Regungen — kommt es auch zum Überfließen narzißtischer Libido. Obwohl in diesem Falle das Verhältnis zum Objekt ein anderes ist, wird dieses Anderssein der Beziehungen nicht erkannt, sondern das Objekt so empfunden, als hätte eine objektlibidinöse Besetzung stattgefunden; ebenso unerkannt bleibt, daß das Objekt nun dazu dient, ein eigenes, nicht erreichtes Ich-Ideal zu erreichen. »Man liebt es wegen der Vollkommenheiten, die man fürs eigene Ich angestrebt hat und die man sich nun auf diesem Umweg zur Befriedigung seines Narzißmus verschaffen möchte.« — Werden die auf direkte Sexualbefriedigung drängenden Strebungen ganz zurückgedrängt, so wird das Objekt immer großartiger, wertvoller; es gelangt schließlich in den Besitz der gesamten Selbstliebe des Ichs. — Gleichzeitig versagen die dem Ich-Ideal zugeteilten Funktionen gänzlich. Es schweigt die Kritik, die von dieser Instanz ausgeübt wird; alles, was das Objekt tut und fordert, ist recht und untadelhaft. Das Gewissen findet keine Anwendung auf alles, was zugunsten des Objektes geschieht. — Die ganze Situation läßt sich restlos in eine Formel zusammenfas-

sen: das Objekt hat sich an die Stelle des Ich-Ideals gesetzt.
Wir haben zuerst einen Erziehungsnotstand kennengelernt
und den Erziehungsberater in seiner praktischen Arbeit beobachten können; dann die theoretischen, von der Psychoanalyse kommenden Grundlagen für dieses Verhalten mitgeteilt
und wollen nun versuchen zu zeigen, wie aus der theoretischen
Einsicht — unter den besonderen Bedingungen der Erziehungsberatung — die praktische Arbeit geworden ist.

Begegnen wir diesem Typus verwahrloster Jugendlicher, dann
versuchen wir gar nicht eine objektlibidinöse Beziehung herzustellen; wir benehmen uns von allem Anfang an so, daß er
den Anreiz bekommt, narzißtische Libido auf uns überfließen
zu lassen, um damit schließlich jene Abhängigkeit seiner Gesamtpersönlichkeit von uns zu schaffen, in der das Ich zu
seinem Ich-Ideal steht.

Wir entschließen uns zu diesem Vorgehen, weil uns die Praxis
der Erziehungsberatung gelehrt hat, daß für diesen Typus keine andere Möglichkeit, in ein gesteigertes Abhängigkeitsverhältnis zu kommen, besteht, umsomehr, da wir gerade dieses
ganz besonders für ihn zur Erziehungsarbeit brauchen. Wir
müssen berücksichtigen, daß der Jugendliche in der Regel nicht
in der psychischen Situation zu uns kommt, in der wir ihn haben müssen, er ist negativ, oft sogar feindselig eingestellt; unsicher, irritiert; hochmütig, überlegen tuend; manchmal ganz
uninteressiert, aber nur sehr selten erwartungsvoll.

Es wäre nur dann wichtig zu wissen, welche dieser psychischen
Situationen im gegebenen Fall vorliegt, wenn wir nicht die
Möglichkeit hätten, den erforderlichen labilen Spannungszu-
stand durch unser Verhalten immer hervorrufen zu können.

Seine Unsicherheit muß schon im ersten Augenblick der Begegnung, durch die Art seines Empfanges einsetzen. Er ist
nicht immer gleich und wird jedesmal durch den Eindruck,
den wir von dem Jugendlichen bekommen, bedingt. Ein Beispiel dafür ist die vollkommen wortlose Begrüßung im vorliegenden Fall.

Vom Beginn an stellten wir uns in den Mittelpunkt, regten
sein Interesse für uns an und bereiteten in ihm den Wunsch
vor, sich mit uns zu »messen«.

Nun erfolgte die erste Frage: »Warum haben Sie den Arzt so
zum besten gehalten?«

Die Frage wurde gestellt, um die labile Situation zu unseren
Gunsten zu entscheiden.

Durch deren Inhalt weiß er nun, daß wir ihn durchschauen.

Durch die Art und den Tonfall der Fragestellung zwingen wir
ihn, in dem von uns gewollten Sinne zu reagieren.

Beides, Inhalt und Form, noch zusammen mit dem Zeitpunkt,
in dem die Frage gestellt wurde, brachten die Entscheidung.

Wir nennen diesen Teil unserer Arbeit das Setzen des »Überraschungsmomentes«. Unvorbereitet, mit ganz anderen Erwartungsvorstellungen erfüllt, in unsicherer Gefühlssituation erfolgt die Entlarvung, ohne die für ihn einzig denkbare Folge: die Bestrafung.

Er merkt, daß wir nicht der ihn zur Verantwortung ziehende Erwachsene sind, aber auch nicht der Kamerad, der ihn wegen seines Mutes oder seiner Geschicklichkeit bewundert, sondern ein undefinierbares, bisher nicht gekanntes Wesen, das ihn versteht, vielleicht sogar mit dem leisen Unterton der Zustimmung und das ihm irgendwie zwar unbegreiflich, aber nicht unangenehm empfunden, überlegen sein muß. Dies alles spielt sich in seinem affektiven und nicht intellektuellen Ich ab, da wir uns nicht in Worten in seiner Richtung bewegen, sondern nur unser Verhalten ihm diese Deutung ermöglicht, die aber auch falsch sein könnte. Er kann sich weder mit sich selbst noch mit uns auseinandersetzen, aber es bleibt ihm die Möglichkeit, nun zu uns wegen unserer »Überlegenheit«, die er für das eigene Ich anstrebt, Beziehungen zu bekommen. Der nicht sehr aufmerksame Beobachter muß den Eindruck gewinnen, es habe eine objektlibidinöse Besetzung stattgefunden.

Wir nützen die Situation sofort aus, akzeptieren die uns eingeräumte bevorzugte Stellung und festigen sie noch, indem wir ihn zwar interessiert, aber in ruhiger, sachlicher Art, die jeden Widerspruch ausschließt, über das vom Diebstahl noch gebliebene Geld befragen.

Die Frage: »Würden Sie das Geld mir geben«, erfolgt, um zu erfahren, ob die Abhängigkeit für einen aktiven Eingriff schon tragfähig ist.

Die Empfangsbestätigung erhält er als Beleg, daß das Geld sein Eigentum bleibt und er als vollwertig genommen wird, wir nicht etwa die Absicht haben, es ohne sein Wissen der Mutter zurückzugeben.

Mit der Übergabe der Empfangsbestätigung ist eine Phase abgeschlossen, und wir müssen zur Weiterarbeit seine psychische Situation in diesem Augenblick kennen. Die Antwort auf die Frage: »Woran denken Sie jetzt«, zeigt, wie notwendig sie war.

Das nun folgende Gespräch wird nur geführt, um zu beobachten, ob er noch weiter unruhig bleibt oder sich mit der Tatsache, kein Geld mehr zu haben, abgefunden hat. Es wird so bald nur deswegen abgebrochen und dieselbe Frage wiederholt, weil er ziemlich uninteressiert erzählt und aus seinem Verhalten zu vermuten ist, daß er noch immer an das mir übergebene Geld denkt.

». . . Ich habe das Gefühl, Sie hätten es mir aus der Tasche gezogen«, zeigt wohl überzeugend genug, daß seine Beziehungen zu uns wesentlich stärker geworden sind und dementsprechend auch die Abhängigkeit sich verhältnismäßig gesteigert hat.

Wir erfahren nun sofort, daß er in Verlegenheit ist, weil er kein Geld für die Kinokarten hat und nicht weiß, wie er es sich verschaffen könnte. Wir zeigen ihm absichtlich die Mutter, weil wir voraussetzen dürfen, daß er sich nicht an sie wenden kann. Damit ist ihm seine ganze Hilflosigkeit vor Augen geführt, und wir erscheinen ihm als Retter, wenn wir selbst die notwendige Hilfe bringen.

Obwohl seine Beziehungen zu uns schon ein erhebliches Ausmaß erreicht haben, geben wir uns damit noch nicht zufrieden. Wir wollen immer mehr in den Besitz seiner narzißtischen Libido kommen, an die Stelle seines Ich-Ideals treten und ihn selbst dadurch völlig kritiklos machen; ein Abhängigkeitsverhältnis schaffen, das nahezu an Hörigkeit grenzt.

Hierzu eine Bemerkung für den Erziehungsberater: Dieses Maximum an Beziehung ist bei diesem Typus Verwahrloster für die erste Zeit der Arbeit, solange wir nur als Erzieher auftreten, notwendig, aber nur dann zu erreichen, wenn er in uns einen großartigen Vertreter seiner eigenen Welt erblickt. Er kann den Weg, den wir ihm vorschreiben, nicht gehen, wenn wir bloß mit unserem eigenen sozialen Über-Ich seinen Diebstahl verstehen, wohlwollend beurteilen, sein Handeln tolerieren, wohl aber, wenn wir »absolut mitspielen«, seine eigenen Wertungen annehmen und ihm zeigen, daß wir ein in seiner eigenen Welt tatsächlich lebendes, erstrebenswertes Ideal sind, d. h. noch besser stehlen können als er.

Es muß uns klar sein, daß wir uns damit in eine äußerst gefährliche Situation begeben, und wir wagen sie nur, weil wir genau wissen, daß wir aus seinen Beziehungen zu uns einen tatsächlichen Diebstahl verhindern können.

Das Geld bekommt er von uns, um die reale Notwendigkeit eines Diebstahls auszuschalten. Außerdem erreichen wir dadurch in ihm einen solchen Aufruhr von Gefühlen, daß er sich überhaupt nicht mehr zurechtfindet. Bedenken wir: die rasch wechselnden Affekte, die unser Verhalten in ihm auslöst. Wir lassen ihn bei uns nicht mehr zur Klarheit kommen, sondern schicken ihn ohne Rücksicht, ob die »Stunde« zu Ende ist oder nicht, weg, bestellen ihn aber wieder.

Betrachten wir nun die zweite Begegnung. Die Bemerkung, die er beim Eintreten macht, zeigt deutlich ein Mißtrauen. Es muß sich daher von gestern auf heute etwas ereignet haben, das wir noch nicht wissen. Wir bleiben daher vorsichtig, drängen ihn nicht, das Verschwiegene zu sagen, um nicht seinen Widerstand anzuregen, sondern fordern ihn nur auf, sich niederzusetzen.

Nun fragt er! Er kehrt die Situation von gestern um, gestern waren wir die Fragenden, heute sollen wir ihm Rede stehen. Wir gehen nicht darauf ein, sondern antworten mit einer Gegenfrage. Schon mit der dritten Frage kommt er von der Literatur auf die momentan gegebene Situation. Er hat gemerkt, daß wir ihm nicht folgen, hat aber seine Tendenz nicht aufgegeben.

Unsere Frage: »Warum wollen Sie sich unbedingt den Beweis meiner Dummheit liefern?« erfolgt aus dem Ergebnis einer parallel während seiner Fragen angestellten Schlußfolgerung. Wir wissen, daß dieser Typus jugendlicher Verwahrloster Wert darauf legt, seine Intelligenz jedem gegenüber und bei allen möglichen Gelegenheiten zu zeigen. Er bildet sich viel darauf ein, mit gescheiten Menschen zu verkehren.

Sein Verhalten und seine Fragen lassen vermuten, daß er aus dem gestrigen Abhängigkeitsverhältnis herauskommen will. Dies versucht er, indem er uns auf ein Gebiet — die Literatur — lockt, auf dem wir seiner Meinung nach versagen müssen. Wären wir da auf seine Fragen eingegangen, so hätten wir nutzlos Zeit vergeudet und ihm vielleicht sogar die Möglichkeit gegeben, sein Ziel zu erreichen. Durch unsere Gegenfragen fühlt er jedoch, daß wir wieder wie gestern der Überlegene sind. Der Beweis, daß er wieder in dieselbe Abhängigkeit gerät, ist unbestreitbar seine Reaktion auf unsere Frage. Er erschrickt und sagt: »In Ihrer Gegenwart darf man sich ja nicht einmal etwas denken.«

Ist er wirklich in einem Abhängigkeitsverhältnis, dann muß auch sein beim Kommen vorhanden gewesenes Mißtrauen geschwunden sein. Wir wollen unbedingt sicher gehen und nicht durch eine Unvorsichtigkeit die Situation gefährden. Deswegen fragen wir ihn: »Als Sie bei der Tür hereingekommen sind, wollten Sie mir etwas sagen, dann haben Sie das vergessen.« Um nicht sein Mißtrauen neuerlich erstehen zu lassen, legen wir den Ton auf das Wort »vergessen«.

Der Kampf, den wir gegen die Köchin führen müssen, ist nicht schwierig zu gewinnen. Sie ist ja eine »dumme Person«. Das müssen wir ihm, dem »Intellektuellen«, durch unsere Fragestellung nur in Erinnerung rufen.

Daß sie uns auch die Möglichkeit geben wird, schon bei der zweiten Begegnung die bewußt gebliebenen Diebstähle fast restlos eingestanden zu bekommen, wußten wir natürlich im voraus nicht, ebensowenig, daß wir bei dieser Gelegenheit mit dem zum erstenmal gebrauchten »Du« die Beziehungen zu uns auf längere Zeit hinaus im hohen Ausmaße gesteigert, festlegen können. Wir nützen nur wieder einmal eine gegebene Situation für unsere Zwecke aus.

Das Schaffen des Überraschungsmomentes ist keine leichte

Aufgabe. Man kann sich darauf nicht vorbereiten; es ergibt sich aus der augenblicklichen Konstellation; verlangt absolute Beherrschung der jeweils gegebenen Situation. Durch richtige Abschätzung von Wirkungen, ehe sie noch provoziert sind, rasches Kombinieren und sofortiges Entschließen ist die Vorbedingung zur Gestaltung des dramatischen Ablaufes, der dann als Überraschungsmoment wirkt, gegeben.

Ein Jugendlicher, der wegen Diebstahls bedingt verurteilt worden war, steht seit längerer Zeit unter Erziehungsaufsicht. Die ihn überwachende Fürsorgerin bringt ihn in die Erziehungsberatung, weil sie seit kurzem manifest homosexuelle Beziehungen ihres Schützlings vermutet.

Die ältere, erfahrene Fürsorgerin benimmt sich ihm gegenüber der Situation entsprechend. Er ist der Erwachsene, den sie durch das ihr selbst eigene vornehme Wesen zu beeinflussen sucht, weil sie in ihm Züge bemerkt, die auf ein solches Verhalten sehr positiv anklingen.

Aus den Mitteilungen der Fürsorgerin über sein jetziges Verhalten geht hervor, daß sie sich auch um seine Geldausgaben kümmert, daß er sein Taschengeld von ihr bekommt, sie wöchentlich nach seinen durch sie angeregten Aufzeichnungen mit ihm abrechnet. Sie ist besonders darüber erfreut, daß der Jugendliche auch unnütze Ausgaben aufschreibt und ihr so eingesteht.

Seine Begrüßung weicht auch von der sonst üblichen Art ab: die Fürsorgerin stellt uns einander vor, wie es sonst in der Gesellschaft üblich ist. Er fühlt sich absolut nicht als der Verwahrloste, der zu mir gebracht wird, hält sich für den Überlegenen, den die Fürsorgerin aufgefordert hat, mich aufzusuchen, weil ich mich für ihn interessiere. Er weiß nicht, daß er unter einem Vorwand gebracht wurde.

Gleich nach unserer Begrüßung empfiehlt sich die Fürsorgerin, um uns allein zu lassen. Unmittelbar vor dem Weggehen nimmt sie ihn aber noch zur Seite. Ich verstehe nicht, was beide miteinander sprechen, sehe aber, daß er Geld bekommt und dabei seinen Mund spöttisch verzieht, um sofort wieder ein freundliches, nichtssagendes Gesicht zu zeigen. Die Fürsorgerin kann diesen Zwischenfall nicht bemerken, da sie mit ihrer Geldbörse beschäftigt ist.

Alleingelassen frage ich ihn sofort, was besprochen worden ist, aber so, daß er merkt, ich habe sein Lächeln gesehen. Er entgegnet, die Fürsorgerin habe ihn gefragt, ob er Geld für die Straßenbahn brauche und habe es ihm gegeben. Er setzt fort: die Fürsorgerin habe am Tage vorher mit ihm abgerechnet und daher gewußt, daß er ohne Geld sei. Ich gehe auf diese Bemerkung nicht ein, sondern fordere ihn auf, mir seine Geldbörse zu geben, dies aber in einer keinen Widerspruch zulassenden Art. Er ist ungemein überrascht, zieht aber doch die Börse und gibt sie mir, wenn auch nur zögernd und wird sehr verlegen. Ich finde in ihr ungefähr zwanzig Schillinge in Papier und Silber und einen Zettel, auf dem zwei Männernamen mit Adressen sowie zwei Begegnungen vorgemerkt sind. Ich sage ihm ohne weitere Überlegung seine manifest-homosexuellen Beziehungen, für die er sich auch noch bezahlen lasse, auf den Kopf zu. Er ist derart überrascht, daß er gar nicht versucht zu leugnen, sondern sie sofort zugibt. Im weiteren Verlauf des Gespräches faßt er sich wieder, und nun werden seine Darstellungen sehr verlogen.

Wie sehr dieser Jugendliche sich auf die »Behandlung« der Menschen versteht, erhellt aus der Bemerkung auf die Frage, warum er die Fürsorgerin so belogen habe: wenn ich mit ihr verrechne und zeige, daß ich kein Geld habe, hält sie mich für anständig, macht gute Berichte über mich, und ich kann machen, was ich will.

Ein Zweiundzwanzigjähriger ist wegen wiederholter Betrügereien und Diebstähle aus der Familie entfernt, und bei Verwandten im Auslande untergebracht worden. Die Eltern bekommen Nachricht, daß er sich neuerlich Schwindeleien habe zuschulden kommen lassen und suchen in ihrer Ratlosigkeit die Erziehungsberatung auf.

Der Erziehungsberater, der, ohne den jungen Mann gesehen zu haben, nichts veranlassen kann, teilt dies den Eltern mit, worauf sie die Heimkehr ihres Sohnes veranlassen. In der Zwischenzeit erscheint ein Freund der Familie in der Erziehungsberatung und ersucht im Auftrag der Eltern um Verhaltensmaßregeln bei der Ankunft des Sohnes. Aus den gegenseitigen Beziehungen der Familienmitglieder untereinander erscheint es dem Erziehungsberater wichtig, den jungen Menschen zu sehen, noch ehe eine Begegnung mit den Eltern stattgefunden hat. Er schlägt daher vor, daß nicht die Eltern zur Bahn gehen mögen, sondern der Freund der Familie, und daß dieser, Franz — so heißt der junge Mann — sofort nach seiner Ankunft zu mir bringe. Dies geschieht auch. Franz bleibt im Warteraum, der Freund kommt in das Beratungszimmer mit den Worten: »Sie können sich nicht vorstellen, wie Franz sich benimmt. Er ist von unbeschreiblichem Hochmut und von einer eisigen Kälte, die kaum zu ertragen ist. Er hat von der Bahn bis hierher nicht ein Wort gesprochen.«

Ich lasse Franz absichtlich eine Stunde allein im Warteraum. In dieser Zeit erzählt mir sein Begleiter noch eine Reihe von Einzelheiten über den Jungen und seine Eltern. Meine Überlegungen sind folgende: ist dieses auffällige Verhalten beim Jugendlichen nur »Maske«, dann kann er das Alleinsein, in fremder Umgebung, in Erwartung dessen, was nun kommen wird, nicht aushalten und wird zugänglich; ist sein Hochmut echt, dann kommt es infolge der so langen Vernachlässigung, die er als Beleidigung empfinden muß, zu einem Affektausbruch. Andere Möglichkeiten, neugierig an der Tür zu horchen, um zu hören, was gesprochen wird, oder hochmütig, interesselos zu bleiben, waren nach dem, was ich bereits von ihm wußte, auszuschließen.

Nach Ablauf der »Stunde Wartezeit« mache ich die Tür zum Warteraum auf, um Franz vorzunehmen. Zusammengekauert, ein Häuflein Elend, sitzt er aufgelöst da.

Ich nehme ihn bei der Hand, spreche ihn sofort mit Du an, führe ihn in das Beratungszimmer und sage: »Weine Dich einmal ordentlich aus.« Franz bricht in einen Strom von Tränen aus und später, noch schluchzend, beginnt er zu erzählen: von sich, von den Eltern, die ihn nie verstanden haben, von zu Hause überhaupt, von der Schule und seiner freudlosen Kindheit. Schon bei der ersten Besprechung rollt sich ein trauriges Kinderschicksal auf.

Die Übertragung ist sofort da und hält für die ganze Dauer seiner Behandlung an.

Ein Gutsverwalter aus dem Auslande bringt seinen Sohn, der schon in der Familie als Hochstapler gewertet wird, in die Sprechstunde, Vater und Sohn kommen gemeinsam, treten gleichzeitig ein, und ich habe, wegen des besonderen Verhaltens des jungen Mannes, keine Möglichkeit, mich noch vorher mit dem Vater allein zu besprechen. Die Miene des ungefähr 25jährigen zeigt die ganze Geringschätzung der gegebenen Situation; sein Blick ist prüfend überlegen, seine Gedanken etwa: Welchen Zweck hat die ganze Geschichte?

Der Vater erzählt die Verfehlungen seines Sohnes mit vielen Einzelheiten. Das Verhalten des Sohnes zeigt wachsende Langeweile; die Mitteilungen des Vaters berühren ihn so wenig, als beträfen sie einen Fremden; er hat sicherlich nur den einen Wunsch, unsere ihn anödende Unterredung möge recht bald beendet sein.

Ich sage daher, als der Vater geschlossen hat, zuerst scheinbar die Anwesenheit des Sohnes vollständig ignorierend, folgendes: »Hochstapler behandle ich nicht; es wäre schade um meine Zeit und um Ihr Geld; ich finde eine Behandlung auch zwecklos; stellt Ihr Sohn nichts mehr an, dann ist ohnehin alles in Ordnung; wird er rückfällig, dann wird er eingesperrt, und Sie sind ihn los.« Nun wende ich mich zum Sohne und fahre fort: »Oder Sie erschießen sich, wenn Sie nicht zu feige sind, und dann ist die Angelegenheit auch erledigt.« Bei den letzten Worten dieser mit Absicht ruhig, affektlos, betont sachlich gesprochenen Sätze stehe ich auf, um zu zeigen, daß die Unterredung beendet ist.

Dem Vater ist die Bestürzung unschwer anzumerken. Aus der Miene seines Sohnes ist zu erkennen, daß die beabsichtigte Irritierung gelungen ist. Bei der Ausgangstüre reiche ich dem jungen Mann die Hand mit den Worten: »Behandlung können Sie bei mir nicht finden, aber wenn Sie noch einmal mit mir sprechen wollen, so erwarte ich Sie morgen.« Ich gebe ihm auch die Zeit an.

Nach ganz kurzer Zeit kommt der Vater allein zurück und macht mir heftige Vorwürfe über mein ihm unverständliches Benehmen. Er hatte die in meinem Verhalten gelegene Absicht nicht gemerkt, und ich erkläre ihm die Notwendigkeit meiner Handlungsweise aus dem Benehmen seines Sohnes. Ich fordere ihn noch auf, seinen Sohn in dem Entschlusse, zu mir zu kommen oder nicht, ja nicht zu beeinflussen. Der Vater geht sehr erleichtert weg.

Am nächsten Tag zur festgesetzten Stunde kommt der junge Mann tatsächlich nun in ganz anderer Verfassung, viel gelöster, gefügiger, voller Erwartung — die Übertragung hat eingesetzt.

6. Schlußbemerkung

Wir haben im Verlaufe meiner Ausführungen eine ganze Reihe von Situationen getroffen, die beim Leser leicht den Eindruck erwecken könnten, das Gelingen der Erziehungsberatung hinge vor allem von der Person des Erziehungsberaters ab: Eine menschenfreundliche, hilfsbereite, entschlußfähige Persönlichkeit, die imstande ist, sich mit richtiger Intuition in fremde Affekte und Verhältnisse einzufühlen, könnte auf Eltern und Kinder den stärksten Einfluß nehmen und die Übertragung als ein selbständiges Ergebnis ihres gesamten Wesens, ohne viel nachzudenken, von selbst sich herstellen sehen. Wer in seine eigenen Gedanken, Gefühle und Absichten eingesponnen ist, aus Übergewissenhaftigkeit bei Entschlüssen zögert und aus übermäßigem Schonungsgefühl für den anderen nicht imstande ist, sich in fremde Verhältnisse einzudrängen, wäre als Erziehungsberater ungeeignet. Er erreichte auch bei größter Hilfsbereitschaft nichts, die Überzeugung der Ratsuchenden strömte ihm nicht zu.

Wäre das wirklich so, so müßte man daraus den Schluß ziehen, daß bei der Ausbildung von Erziehungsberatern ein Moment vor allen anderen zu berücksichtigen sei: Die Auswahl der von Natur aus besonders geeigneten Menschen.

Diese Überlegungen treffen wirklich auch dort zu, wo der Erziehungsberater ohne psychoanalytische Schulung auf die seiner persönlichen Wirkung entspringenden Zufallserfolge angewiesen ist.

Die Arbeit in der Erziehungsberatung, wie ich sie hier geschildert habe, ruht auf anderer Grundlage. Wenn der Erziehungsberater auch niemals Intuition als überflüssig empfinden wird, so bezieht er doch die Kenntnis vom Menschen, mit dem er es zu tun hat, aus den Untersuchungsergebnissen, die die Psychoanalyse als Wissenschaft ihm über die Entwicklung des menschlichen Trieblebens und des menschlichen Ichs vermittelt hat.

Die Psychoanalyse gibt uns aber noch mehr; erst die bei der psychoanalytischen Arbeit gewonnenen Erkenntnisse über die *neurotischen Konfliktlösungen* verschaffen den Zugang und die Ansatzmöglichkeit zum Verständnis und zur Erforschung jener Konfliktlösungen, die wir als Gruppe der *Verwahrlosung* zusammenfassen.

Stand der Erzieher und der Erziehungsberater früher dem Chaos von Fehlentwicklungen hilflos gegenüber und ist er oft genug der Versuchung verfallen, sich der Verurteilung durch Gesellschaft und Strafgericht anzuschließen, so vermag er jetzt, wenn er sich der Erkenntnisse und Forschungsergebnisse der Psychoanalyse bedient, allmählich eine Symptomatologie, Ätiologie und Therapie der Verwahrlosungserscheinungen zu schaffen und dann wird die Verwahrlosung zu beheben sein. Staat und Gesellschaft dürfen den Verwahrlosten nicht mehr nur verfolgen, um sich vor ihm zu schützen. Ohne die Lebensarbeit *Sigmund Freuds* gäbe es diesen frohen Ausblick für die vom Schicksal so schwer betroffene Jugend nicht.

Register

Abhängigkeit (-s) 56, 108, 114
–, affektive 29
–, hörige 31
–, kindliche 57
  -verhältnis 60, 115
  -verhältnis, gesteigertes 112
  -verhältnis, höriges 46
Abwehr
–, natürliche 70
  -mechanismen, konstituierte 59
  -reaktion 17
  -tendenz, gesunde 21
Affekt
–, verdrängter 88
  -ausbruch 26, 65
  -äußerung 97
  -besetzung 16
  -reaktion 29
  -situation 16, 62
  -stauung 37
Aggressionen, abnorme 103
»Aggressive« 7
aggressiv 102
Aichhorn, A. 7 f
Angriffe, sexuelle, auf Kinder 47
Angriffe, sexuelle, von Kindern 46
Angriffstendenz 71
Angst
  -anfälle 26
– vor Finsternis 23
– vor Hunden 23
–, nächtliche 24
–, überzärtliche 24
Ängstlichkeit, überspannte 26
Armut, elterliche 33
Assoziation (-s) 35 61 f, 88
  -kette 35 f
Auseinandersetzung des Ichs mit dem Über-Ich 57
Äußerung, dissoziale 32

Bedürfnis (-se) 56
–, nach Anlehnung und Zärtlichkeit 99
–, Befriedigung der 87
–, masochistische 106
–, nicht erfüllte 99
–, sadistische 106
Begierden, unterdrückte 56
–, verdrängte 57

Bereitschaft 11 f
Berufswünsche 98
Besetzung, objektlibidinöse 92, 113
Bestrafung 113
Bewegungsfreiheit 84
Beziehungen
–, affektive 107
–, libidinöse zum Vater 89
–, manifest-homosexuelle 47 f, 116 f
–, objektlibidinöse 108, 111 f
Bindung, inzestuöse 14
Brutalität 7

Case-Work-Methode 8
Coitus, erzwungener 30
Coitus interruptus 51

Defekte, elterliche 70
Delikte, strafbare 82
Depression, schwere 52
Diagnose, falsche 70
Dialekt 97
Diebstahl 106, 111, 114–117
Dissoziale, krüppelhafte 15
–, nicht vollsinnige 15
Dissozialität 20, 46
–, latente 11 f
– manifeste 11
– und Milieu 12
– Suche nach der Ursache 17

Ehe
  -konflikte 14
–, unglückliche 14
–, Zwistigkeiten in der 25
Eifersucht 14, 85
Eigentumsdelikt 32
Einfall, freier 16, 53, 62
Eltern
–, abnormes Verhalten 21
– ohne Affektausbrüche 13
–, Affektausbrüche gegen das Kind 80
–, aggressive Tendenzen gegen das Kind 16
–, Angst vor kindlicher Sexualität 41
–, Ausleben eigener Triebe 13

–, dauernder Erregungszustand der 16
–, Defekte im Über-Ich 105
– in der Defensive 58
–, Deutung der Konflikte der 83
–, Eifersucht der 84
–, Einstellung zum Sexualleben des Kindes 41
– ohne gemeinsame Interessen 13
–, geschiedene 13
– im Kampf um das Kind 83
–, Kindheitserlebnisse 88
–, lieblose 24
–, mißtrauische 81
–, moralische Grundsätze der 74
–, neurotische 23, 41, 68, 70, 82
–, psychische Abnormität 13
–, psychologische Halbbildung 24
–, religiöse Bedürfnisse 74
– in Scheidung 83
–, sexuelle Beziehungen der 51
–, streitende 13
–, Trunksucht der 13
–, Unstimmigkeiten in Erziehungsfragen 46
–, verdrängte Wunschphantasien der 70
– Vernachlässigung des Kindes 13
–, verständnislose 77
–, Vertrauen zum Erziehungsberater 25
–, Wut und Haß gegen das Kind 13
Entschlußfähigkeit 63
Entwicklung (-s)
–, soziale 105
  -möglichkeiten der Kinder 87
  -phasen der dissozialen Zustände 11
Erbrechen, hysterisches 23
Erektion 47
Erinnerungsspuren 56
Erleben, lustvolles 101
Erlebnisse
–, früh-infantile 56
–, infantile 57
–, sexuelle 79
Erpressung 49

Ersatzbefriedigung 67
Ersatz-Über-Ich 104
Erwartungsvorstellungen
  113
–, libidinöse 92
Erziehung (-s)
–, Weltanschauung in
  der 10
  -arbeit 67
  -aufsicht 116
Erziehungsberater
–, Abbau der
  Beziehungen 21
–, affektive Situation
  von Eltern und Kindern
  16
–, Ausbildung 10
– als Eheberater 51
–, Einfühlungsfähigkeit
  63
– , Einschätzung durch
  das Kind 95
– als Ersatzperson für
  Eltern 99
–, Gefühlsbeziehung zum
  Kind 19
– als Libido-Objekt 61,
  106
–, Mißerfolg 20, 63
–, Mitarbeit der Schule
  21
–, psychoanalytischer 9,
  15, 19, 84
–, Selbstkritik 18
–, Überschätzung des 67
–, Vater-Autorität 64
– als bewunderter Vater
  74
– Zärtlichkeitsbedürfnis
  der Kinder 20
Erziehungsdruck,
  zu geringer 92
Erziehungsfürsorge 12, 27
Erziehungshandlung,
  aktive 78
Erziehungshilfe 9, 57
Erziehungsmittel Lohn
  und Strafe 16, 58, 104
Erziehungsnotstand 9, 11,
  14 f, 19, 58, 60, 63, 65,
  68, 70, 75, 78, 80 ff,
  84–88, 91, 93, 97, 99 f,
  106, 108, 112
–, Beurteilung 12
–, falsche Beurteilung 10
–, neurotische Basis 10
–, Ursachen 10
– durch Verhalten der
  Eltern 16
Erziehungsschwierig-
  keiten 42, 65
Es 56, 74, 89
– der Eltern 74
– Regungen 63
Eßstörungen 26

Familie (-n)
  -konflikt, zentraler 87
  -konstellation 81, 102,
  108

– –, schädigende 91
  -leben, nach außen
  intaktes 13
– –, häusliches 80
  -struktur, libidinöse 83
–, Verbrechertum in 13
  -verhältnisse,
  zerrüttete 21
Fehlentwicklung 120
Feigling-Vater 103
Frau, aktive, latent
  homosexuelle 71 f
Frechheit 32
Freiheit, sexuelle 69
Freud, S. 8, 57, 111, 120
Fürsorgeerziehungs-
  anstalt 15, 21, 30, 33
Fürsorgekinder 105

Gefahrensituation 95
Gefühlssituation,
  unsichere 113
Geisteskrankheit 108
Geld 116
  -bestechung 49
  -schulden 53 f
  – stehlen 110
Geltungsbedürfnis 77
Geschwisterliebe 92
Geschwister, sexuelle
  Spielereien zwischen
  45 f
Gesellschaftsschichten,
  verschiedene 10
Gesetzesübertretung,
  manifeste 12
Geständniszwang 106
Gleichgewicht, libidinöses
  59, 61

Hamilton, G. 8
Handlung (-s)
–, strafbare 25
  -freiheit 65
  -weise, realitäts-
  angepaßte 34
Haß 102
– gegen den Vater 103
Hemmungslosigkeit,
  künstliche 31
Hilflosigkeit 114
Hochmut 117 f
Hochstapelei 36
Hochstapler, jugendlicher
  103, 107 f, 118
Homosexuelle,
  Verführung durch 49
Hörigkeit 114

Ich
–, affektives 113
–, Ansprüche des 92
– der Eltern 74, 80
  -Ideal 111 f, 114
Ideal, soziales 105
Identifizierung (-s) 107
  -objekt 102
  -person, Bedürfnis nach
  104

– mit dem Vater 104
Individualität des
  Kindes 97
Insuffizienz, soziale 58
Intuition 120
Inzest, manifester 90

Jugendfürsorge 9 f

Kampf Eltern-Kind 58
Kampf Mutter-Kind 59
Kastrationsabsicht 71
Kind
–, Abwehrreaktion 23
–, Abwehrsituation 16
–, aggressiver Ausbruch
  gegen die Mutter 17
–, außereheliches 14
–, bettelndes 33
–, dissoziale Äußerungen
  12
–, dissoziales Verhalten
  zu Hause 39
–, Einschränkung der
  persönlichen Freiheit 37,
  39
–, Entwicklung 9
–, Erziehbarkeit 29
–, Fehlentwicklung 27
–, gefährdetes 12
–, gehemmt durch Angst
  und Trotz 17
–, Haß gegen den Vater
  24, 40
–, Identifizierung mit
  der Mutter 73
–, Identifizierung mit
  dem Vater 34
–, Konflikte mit der
  Umwelt 36
–, Konzentrations-
  schwierigkeiten 34
–, libidinös überlastetes
  60
–, Mutter provozierend
  65
–, negativistisch
  eingestelltes 26
–, Objektbeziehung zum
  Vater 34
–, Reaktion in Alltags-
  situationen 107
–, renitentes 26
–, Sexualäußerungen 67,
  70
– als Sexualobjekt 49
–, abnorme sexuelle
  Entwicklung 68
–, sexuelles Leben 69
–, soziale Einordnung 29
–, stehlendes 45
–, Todeswünsche gegen
  den Vater 40
–, Triebansprüche 13
–, unerzogenes 11
–, unverdrängte Wunsch-
  erfüllung 34
–, körperliche und see-

lische Unzulänglich-
keit 29
—, überbeanspruchtes
durch Familie 91
—, undankbares 59
—, unfolgsames 38
—, Untdrdrückung des
Geltungsbedürfnisses 39
—, verdrängte Schuld-
gefühle dem Vater
gegenüber 40
—, verwahrlostes 70 f, 91
Kinder-Neurose 93
Kindesmißhandlungen 28
Kindheit, freudlose 118
Kleptomanie 27
Konflikt
—, infantiler 88
-lösung, neurotische 120
—, offener 102
—, pathologischer 70
-situation 17
Konkurrenz unter
Kindern 92
Kritik des Ichs 89
Kritiklosigkeit 57

Langeweile 101
Lebensbedürfnis,
primitivstes 13
Lebensziel, affekt-
besetztes 76
Lehrer, sexuelle
Angriffe d. 49
Lehrer, homosexueller 48
Leistung, selbständige 57
Lernerfolge, schlechte 106
Lernhemmungen 34
Libido 32, 57
-ansprüche d. Ehefrau 72
-beanspruchung 67
-einstellung der
Mutter 73
-entwicklung 11
— —, Störungen 12, 14
—, freigewordene 67
-Konstellation,
innerfamiliäre 58
—, narzißtische 111 f, 114
-Objekt 59, 61
-Organisation 91
-Rücknahme 93
-Unterbringung 56
Liebesbedürfnis 29
—, nicht befriedigtes 92
Liebesbeweise,
Übermaß der 15
Liebesbeziehungen
—, gestörte 86
— des Kindes zu den
Eltern 28
—, normale 77
Liebesleben, frühkind-
liches 92
Liebesleben
—, kindliches,
Störungen 93
Lieblosigkeit, unbewußte
86
Machtmittel, äußere 55

Machtverhältnisse der
Eltern 71, 73
Mann, passiv, latent
homosexuell 71
Masturbation,
Schuldgefühle 41
Material, familien-
geschichtliches 62
Meinungsaustausch 81
Milde und Güte, absolute 8
Milieu
-Geschädigte 27
—, schädliches 13 ff
—, sozialdemokratisches
103
-wechsel 29, 51, 101
Mißerfolg 98
Mißhandlungen 69
Mißtrauen 82, 95, 114 f
Mutter
—, Abhängigkeit vom
Erziehungsberater 65
—, affektives Ich der 66
—, Bedürfnisse der 18
—, brutale 9
—, sich deklassiert
fühlende 86
—, ehrgeizige 87
—, Eifersucht gegen die
Tochter 84
—, Führungsschwierig-
keiten 38
—, Haupt der Familie 71
—, Kindheit der 64, 80
—, kritisches Ich der 66
—, libidinöse Beziehung
zum Erziehungsberater
65
—, Neurose der 23
—, sexuelles Verhalten
gegenüber Kindern 47
—, Über-Ich der 67
—, unbewußte Einstellung
zum Kind 18
—, Wunschphantasien
47 f, 68
-bild, phantasiertes 74

Nervosität, schwere 27
Neurosenbehandlung 11
Notlage, materielle 50

Objekt, passives 49
-beziehung 107
»Ödipus« 24
Onanie 67
—, gegenseitige 41
—, Kampf gegen die 69
—, kindliche 69
— und Schulschwierig-
keiten 42
— und Schwachsinn 42
—, Verleitung zur 41
-verbot 42 ff, 106
Ordnungsliebe 23

Partialtrieb-Fixierung 92
Persönlichkeitswert 55
Perversion 11

Phantasietätigkeit,
lustvolle 35
Phantast 96
Phobie 23 f
Politik 100
Problemlösung, realitäts-
angepaßte 91
Psychoanalyse 8
Psychose 15
Pubertät 102

Reaktionsbildung 65
Realität (-s) 101
-abwendung 106
-anpassung 104
—, außerhäusliche 32
-forderung 96
Reinlichkeit 27
Resignation 87

Schicht, soziale 87
Schuldgefühl 35
—, bewußtes 90
—, unbewußtes 106
Schule 18, 38, 43, 61, 118
-erfolge 97 f
-leistungen 35
-schwänzen 20 f, 101
-schwierigkeiten 34, 81
Schwererziehbarkeit auf
neurotischer Basis 15
Selbständigkeit der
Töchter 78 f
Selbstverletzungen 28
Sexualbefriedigung,
direkte 111
Sexualleben des Kindes 46
—, unbefriedigtes 51
Sexualüberschätzung 14,
87
Sichaussprechen,
hemmungsloses 63
Situation, affektive 18
Situation
—, labile 112
Sozialität 11 f
Stehlen 108 f
Stiefmutter 14
-problem 85
Stiefvater 14
Störungen, libidinöse 100
Strafanzeige 49
Strafbedürfnis 106
Strafrecht 12
Strafvollzug 12, 48
Strenge, unvernünftige 7
Symptome, neurotische
25 f, 32, 105
Symptombild,
verschwommenes 11
Symptomatologie 58, 93
— der Dissozialität 10
— der Verwahrlosung 10

Tagträume 34 ff, 106
Taschengeld 53
Tendenz, aggressive 31
Triebansprüche 43, 91

Triebbefriedigung 57
–, ungestrafte 32
Triebeinschränkung 27
–, geringe 92
Triebleben 49, 120
Triebverdrängung 32
Triebverzicht 32
Triebwünsche, ausgelebte 92
Triebwünsche
–, unmittelbare Befriedigung 11
Trinkermilieu 29 ff
Trotz 95 f

Übergewicht, autoritäres 55
Über-Ich 31, 81, 89, 91
-Bildung 32, 105
–, defektes 32
– der Eltern 74
–, Kampf mit dem 44
–, soziales 114
–, Wiederaufbau 67
Überlastung, libidinöse 68
Überraschungsmoment 71, 113, 115 f
Übertragung (-s) 55 ff, 60 ff, 65, 78, 87, 89, 97, 100 f, 118 f
–, Bereitschaft zur 68
-beziehung 82, 104
–, Druck der 64, 73
–, Herstellung der 93
–, narzißtische 107
–, negative 102
-objekt 83
–, positive 94
-verhältnis 69
–, positives 37
Überzeugungskraft 55
Umschulung 21
Umwelt als Unlustquelle 36
Unbekümmertheit 32
Ungezogenheit 23
Unlust ertragen 101
Unsicherheit 103, 112
Untersuchung, psychiatrische 15
Unterwerfung 59
Unwahrheit 96

Urteilsfähigkeit 75
–, mütterliche 66

Vater
–, Abwesenheit 31 f, 78
–, Affektausbrüche in der Trunkenheit 30
-Autorität 56 f, 102
–, Beziehungen zur eigenen Mutter 73
–, brutaler 36, 88 f
–, brutaler Schwächling 102
–, Eifersucht gegenüber dem Kind 84
–, Haßäußerungen gegen das Kind 77
–, Kindheit des 75 ff
–, kranker 33
–, libidinöse Beziehungen zum Kind 32
– als Schwächling 104
–, sexuelle Beziehungen zur Tochter 50, 90
–, Tendenz homosexuelle 46
–, trunksüchtiger 73
–, Unverständnis für Frau und Kind 38
–, Versöhnung mit dem Kind 77
–, zorniger 38, 73
–, Züchtigung der Kinder 38
Verbote, elterliche 34
Verbote, triebeinschränkende 29
Verbrecherfamilie 105
Verbrechermilieu 33
Verdrängung (-s) 86
-mechanismus 35
Vereinsleben 100
Verführer 57
Verführung 50
Vergewaltigung, angebliche 48
Verhalten
–, aggressives 102
–, depressives 90
–, unfreies 56
Verhältnis, manifest-homosexuelles 68
Verhältnisse, ungünstige häusliche 18

»Verknüpfung, falsche« 63
Versagungen, nicht ertragbare 92
Verwahrlosung (-s) 11, 15, 23, 32, 58, 60, 67, 84, 92, 100, 120
-äußerungen 65
–, Behebung der 31
-bereitschaft 30
-erscheinung, Ätiologie 93, 120
-erscheinung, Symptomatologie 120
-erscheinung, Therapie 120
–, latente Form 59
– durch libidinöse Überlastung 72
–, manifeste durch Familienwechsel 30
-symptome 25, 27
–, Ursachen 93
Verwahrloste (-n) 8, 61, 115 f
–, aggressive 94
-analyse 33, 106
-behandlung 7
– Beziehungen zu Erwachsenen 99
–, neurotische 104 ff
Verzärtelung, schädigende 43

Waschzwang 23, 71
Weglaufen von zu Hause 45
Widerstand 114
– gegen die Gesundung des Kindes 60
Widerstände des Ichs 89
Wiederholungszwang 88, 106
Wirtschaftsnot 12 f, 21, 33, 99
Wohlfahrtseinrichtungen 12
Wunscherfüllung 32
Wünsche, kindliche 33
Wutanfall 22

Zärtlichkeitsbedürfnis 7, 101
Zustand, labiler 103
Zustand, paranoischer 84
Zwangssymptom 23

BEITRÄGE ZUR KINDERPSYCHOTHERAPIE

Herausgeber: Prof. Dr. Gerd Biermann

Erschienene Bände:

1. **Anna Freud, Einführung in die Technik der Kinderanalyse**
   6. Auflage, 80 Seiten, Kt. DM 5,50

3. **Alice Bálint, Psychoanalyse der frühen Lebensjahre**
   2. Auflage, 119 Seiten, Kt. DM 7,80, Ln. DM 10,80

4. **Nelly Wolffheim, Psychoanalyse und Kindergarten**
   und andere Arbeiten zur Kinderpsychologie
   2. Auflage, 282 Seiten, Pbck. DM 16,—, Ln. DM 19,—

5. **D. W. Winnicott, Kind, Familie und Umwelt**
   234 Seiten, Ln. DM 15,—

6. **Madeleine L. Rambert, Das Puppenspiel in der Kinderpsychotherapie**
   194 Seiten, 25 Abb., Ln. DM 16,—

8. **Gerd Biermann, Die psychosoziale Entwicklung des Kindes
   in unserer Zeit**
   170 Seiten mit 21 Abb., Pbck. DM 17,—, Ln. DM 20,80

9. **Rudolf Ekstein, Grenzfallkinder**
   Klinische Studien über die psychoanalytische Behandlung von
   schwergestörten Kindern. Seiten, Pbck. DM 24,50. *Erscheint 1973.*

10. **Melanie Klein, Die Psychoanalyse des Kindes**
    2. Auflage, 323 Seiten, Ln. DM 18,—

11. **Virginia M. Axline, Kinderspieltherapie im nichtdirektiven Verfahren**
    2. Auflage, 342 Seiten, Ln. DM 28,—

12. **Julia Schwarzmann, Die Verwahrlosung der weiblichen Jugendlichen**
    Entstehung und Behandlungsmöglichkeiten
    123 Seiten, Kt. DM 11,—, Ln. DM 14,—

13. **John Bowlby, Mutterliebe und kindliche Entwicklung**
    218 Seiten, Pbck. DM 17,—, Ln. DM 20,80

In Vorbereitung:

14. **Michael Fordham, Das Kind als Individuum**
    Kinderpsychotherapie aus der Sicht der Analytischen Psychologie
    C. G. Jungs. *Erscheint 1974.*

15. **Edith Kramer, Kunst als Therapie mit Kindern**
    Erscheint 1974.

16. **Marianne Frostig, Bewegungs-Erziehung**
    Neue Wege der Heilpädagogik. *Erscheint im Oktober 1973.*

17. **Heinrich Meng, Psychoanalytische Pädagogik des Kleinkindes**
    290 Seiten, Pbck. DM 24,50

18. **Heinrich Meng, Psychoanalytische Pädagogik des Schulkindes**
    306 Seiten, Pbck. DM 24,50

ERNST REINHARDT VERLAG MÜNCHEN/BASEL

Fischer Taschenbuch Verlag

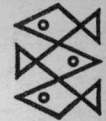

Psychologie.

Alfred Adler
Menschenkenntnis (Bd. 6080)
Über den nervösen Charakter
(Bd. 6174)
Der Sinn des Lebens
(Bd. 6179)
Individualpsychologie
in der Schule (Bd. 6199)
Heilen und Bilden (Bd. 6220)
Praxis und Theorie der Individual-
psychologie (Bd. 6236) (Febr. '74)

August Aichhorn
Psychoanalyse und Erziehungsberatung (Bd. 6233) (Jan. '74)

C. H. Bachmann (Hrsg.)
Psychoanalyse und Verhaltens-
therapie (Bd. 6171)

S. A. Barnett
Instinkt und Intelligenz
Rätsel des tierischen und
menschlichen Verhaltens
(Bd. 6067)

K.-J. Bruder (Hrsg.)
Kritik der bürgerlichen Psychologie
Zur Theorie des Individuums in der
kapitalistischen Gesellschaft
(Bd. 6198)

Werner Correll
Lernen und Verhalten (Bd. 6146)
Grundlagen der Optimierung von
Lernen und Lehren

Johannes Cremerius (Hrsg.)
Psychoanalyse und Erziehungs-
praxis (Bd. 6076)

Erik H. Erikson
Einsicht und Verantwortung
(Bd. 6089)

Sigmund Freud
(zus. mit Josef Breuer) Studien
über Hysterie (Bd. 6001)
Darstellungen der Psychoanalyse
(Bd. 6016)
Abriß der Psychoanalyse/
Das Unbehagen in der Kultur
(Bd. 6043)
Drei Abhandlungen zur
Sexualtheorie (Bd. 6044)
Totem und Tabu (Bd. 6053)
Massenpsychologie und
Ich-Analyse / Die Zukunft einer
Illusion (Bd. 6054)
Über Träume und Traumdeutungen
(Bd. 6073)
Zur Psychopathologie des
Alltagslebens (Bd. 6079)
Der Witz und seine Beziehung
zum Unbewußten (Bd. 6083)
»Selbstdarstellung«
Schriften zur Geschichte der
Psychoanalyse (Bd. 6096)
Brautbriefe
Briefe an Martha Bernays aus den
Jahren 1882—1886 (Bd. 899)
Der Wahn und die Träume in
W. Jensens »Gradiva« mit dem
Text der Erzählung von Wilhelm
Jensen (Bd. 6172)

Fischer Taschenbuch Verlag

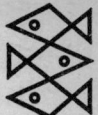

Psychologie.

Funk-Kolleg Grundlagentexte Pädagogische Psychologie
Bd. 1: Entwicklung
und Sozialisation
Hrsg.: C. F. Graumann und
H. Heckhausen (Bd. 6113)
Bd. 2: Lernen und Instruktion
Hrsg.: M. Hofer und F. E. Weinert
(Bd. 6114)

Klaus Holzkamp
Kritische Psychologie (Bd. 6505)

Henry Jacoby
Alfred Adlers Individualpsychologie
und dialektische Charakterkunde
(Bd. 6230) (Jan. '74)

C. G. Jung
Bewußtes und Unbewußtes
(Bd. 6058)

Alfred C. Kinsey
Das sexuelle Verhalten des
Mannes (Bd. 6003)

Marxismus Psychoanalyse Sexpol
Hrsg.: Hans-Peter Gente
(Bd. 6056) / (Bd. 6072)

Fischer Lexikon Psychologie
(Neuausgabe)
Hrsg.: Peter R. Hofstätter
(Bd. FL 6)

Tilmann Moser
Jugendkriminalität und
Gesellschaftsstruktur (Bd. 6158)

O. Raknes
Wilhelm Reich und die Orgonomie
(Bd. 6225)

Josef Rattner
Aggression und menschliche
Natur (Bd. 6173)
Der schwierige Mitmensch
(Bd. 6186)
Gruppentherapie
(Bd. 6223)

Wilhelm Reich
Die sexuelle Revolution
(Bd. 6093)
Die Entdeckung des Orgons /
Die Funktion des Orgasmus
(Bd. 6140)
Charakteranalyse (Bd. 6191)

Marthe Robert
Die Revolution der Psychoanalyse
Leben und Werk Sigmund Freuds
(Bd. 6057)

Manès Sperber
Alfred Adler oder
Das Elend der Psychologie
(Bd. 6139)

Robert Waelder
Die Grundlagen der Psychoanalyse
(Bd. 6099)

Gunther Wollschläger
Kreativität und Gesellschaft
(Bd. 6177)

Hans Zulliger
Heilende Kräfte im kindlichen Spiel
(Bd. 6006)
Helfen statt strafen —
auch bei jugendlichen Dieben
(Bd. 6037)
Umgang mit dem kindlichen
Gewissen (Bd. 6074)
Die Angst unserer Kinder
(Bd. 6098)

Fischer
Taschenbuch
Verlag

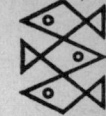

Jazz. Rock.

Joachim Ernst Berendt
Das Jazzbuch
Von Rag bis Rock
(Neuausgabe)
(Bd. 6246)

Philippe Carles und
Jean-Louis Comolli
Free Jazz — Black Power
(Bd. 6228)

Helmut Salzinger
Rock Power
oder Wie musikalisch ist die
Revolution?
(Bd. 1280)